Liebe, Lust & Lesebrille

Felicitas Römer

Liebe, Lust & Lesebrille

Warum wir erst in der Lebensmitte
so richtig lieben können

Patmos Verlag

VERLAGSGRUPPE PATMOS

PATMOS
ESCHBACH
GRUNEWALD
THORBECKE
SCHWABEN

Die Verlagsgruppe
mit Sinn für das Leben

Für die Schwabenverlag AG ist Nachhaltigkeit ein wichtiger Maßstab ihres Handelns.
Wir achten daher auf den Einsatz umweltschonender Ressourcen und Materialien.
Dieses Buch wurde auf FSC®-zertifiziertem Papier gedruckt. FSC (Forest Stewardship
Council®) ist eine nicht staatliche, gemeinnützige Organisation, die sich für eine
ökologische und sozial verantwortliche Nutzung der Wälder unserer Erde einsetzt.

Bibliografische Information der Deutschen Nationalbibliothek
Die Deutsche Nationalbibliothek verzeichnet diese Publikation in der Deutschen
Nationalbibliografie; detaillierte bibliografische Daten sind im Internet über
http://dnb.d-nb.de abrufbar.

Umschlaggestaltung: Finken & Bumiller, Stuttgart
Umschlagmotiv: plainpicture/Fancy Images
Druck: CPI – Ebner & Spiegel, Ulm
Hergestellt in Deutschland
ISBN 978-3-8436-0335-5 (Print)
ISBN 978-3-8436-0392-8 (eBook)

Für M.

Inhalt

Vorwort

Als Autorin werde ich hin und wieder gefragt, was ich denn gerade so schreibe. »Ich arbeite an einem Buch über Paare«, antwortete ich anfangs. Das klang merkwürdig spröde. Und entsprach gar nicht dem lustvollen »Spirit«, der sich mittlerweile schon längst in meinem Manuskript breitgemacht hatte. Etwa kühner behauptete ich dann später: »Ich schreibe gerade ein Buch über die Liebe.« Das klang allemal aufregender. Und stimmte ja auch irgendwie.

Genau genommen geht es aber auch nicht um Liebe im Allgemeinen, sondern um die »ältere« Partnerschaft im Besonderen. Und um Liebe in einer bestimmten Lebensphase. Einer schwierigen Lebensphase. Und natürlich darum, wie man als Paar gemeinsam gestärkt aus dieser Phase herauskommen kann.

Die Identitätskrise der mittleren Lebensjahre wird von Paartherapeuten gerne als eine Art »zweite Pubertät« bezeichnet. Sie gilt als »normative Krise«, also eine ganz normale Krise, die nahezu zwangsläufig mit den menschlichen Reifungsprozessen einhergeht. Als »Krise in der Lebensmitte« hat sie in der Paarpsychologie einen festen Platz und wird ebenso ernst genommen wie als lösbar betrachtet. Vorausgesetzt, beide Partner zeigen sich willig, diese Krise gemeinsam aktiv zu meistern.

Dieser Reifungs- und Entwicklungsprozess ist allerdings kein netter Spaziergang. Sondern eher eine abwechslungsreiche Wanderung durch holpriges Gelände: Mal ist sie anstrengend, mal leichtfüßig zu gehen, mal führt sie durch Dornengestrüpp, mal durch weiches Gras, mal über Brücken und Felsen und manchmal schlicht und ergreifend auf den Holzweg. Manche Biegung ist vorher nicht einzusehen, für manchen Steilanstieg braucht man Zeit, Ausdauer und Geduld. Dieser gemeinsame Gang ist mal lust- und mal schmerzvoll. Mal geht einer stramm vodneweg und der andere weiß nicht genau, ob er mithalten kann. Dann gilt es zu schauen: Wer wartet auf wen? Wer kann in welchem Tempo? Können wir auch ein Stück Weg gemeinsam zurücklegen, ohne ständig nebeneinanderher zu laufen?

Sich auf diesem Weg miteinander abzustimmen und die Höhen und Tiefen – mal allein und mal gemeinsam – zu durchlaufen, ist ein sensibler, störanfälliger und komplexer Prozess.

Sie auf diesem holprigen Weg ein Stückchen zu begleiten, ist Anliegen meines Buches. Insofern ist es auch eine kleine Arbeitsfibel. Eine Arbeitsfibel für fortgeschrittene Liebende.

Ich wünsche Ihnen viel Spaß bei der Lektüre und hoffe, dass die ein oder andere Anregung Ihre Partnerschaft beleben und konstruktiv voranbringen wird.

Hamburg, November 2012
Felicitas Römer

1. Wermutstropfen und Champagner
Die ganz normale Krise in der Lebensmitte und was sie von uns will

Als mein Mann seine erste Lesebrille mit nach Hause brachte, war ich schier entzückt. Ich fand, dass er mit dem eckigen Gestell auf der Nase sehr süß aussah, und schielte immer wieder verstohlen zu ihm hinüber, wenn er Zeitung las oder in einem Buch blätterte. Ein Hauch von Reife und Intellektualität umgab ihn. Ich fand das ausgesprochen sexy und grinste unentwegt fröhlich vor mich hin.

Er hingegen hatte für mein schwärmerisches Getue kein Verständnis. Von Begeisterung keine Spur. Im Gegenteil. Er fand sich plötzlich baufällig. Undynamisch. Jugendbefreit. Alles, nur nicht sexy. Wahrscheinlich ist es auch kein Zufall, dass er das ungeliebte Symbol des Ältergewordenseins nachlässig herumliegen lässt und infolgedessen mehrfach täglich damit beschäftigt ist, es zu suchen. Zur Belustigung der gesamten Familie natürlich. Aber vielleicht ist das auch einfach ein deutliches Zeichen dafür, dass er die Lesebrille doch noch nicht so ganz als Teil seiner selbst akzeptiert hat. So richtig sexy findet er sich damit wohl immer noch nicht.

Verständlich. Es ist ja auch schwierig, plötzlich zur »Generation Lesebrille« zu gehören. Schließlich wird man nun in eine andere Schublade getan, unter einer anderen Rubrik abgeheftet. »Rollenfachwechsel« nennt man das in der Schauspielerei: Eben noch der leidenschaftliche jugendliche Liebhaber, nun der gediegene, grau melierte Herr mit Schlips und Kragen. Oder schlimmer noch: der alternde Vater eines jugendlichen Liebhabers! Gerade noch die schöne, jugendliche Heldin und jetzt auf der Bühne des Lebens »nur noch« die mütterliche Gouvernante. Oh weh! Das zu verkraften, ist nicht nur für narzisstisch strukturierte Menschen eine echte Aufgabe. Das ist für die meisten Menschen schmerzlich.

Die Generation Lesebrille hat es schon ein bisschen schwer. Meistens sind auch schon die ersten Zipperlein aufgetaucht, mancher hat vielleicht schon »Rücken« oder »Blutdruck«. Mal ganz von den lästigen körperlichen Mutationen in Richtung Waschbärbauch und Krähenfüße abgesehen. Auch wenn sich die Generation 45+ durchaus manchmal noch jung fühlt: Sie ist es nicht mehr. Jedenfalls nicht mehr so richtig. Über diese Tatsache können auch die coolsten Turnschuhe, getönte Haare und locker sitzende Hüftjeans leider nicht hinwegtäuschen.

Und trotzdem: Es gibt jetzt viele gute Gründe, um einen guten Champagner springen zu lassen: Wir haben einiges erreicht! Wir leben! Wir haben Krisen überwunden und an uns gearbeitet! Wir sind gereift und haben dazugelernt! Wir haben alte Ängste überwunden! Diese wichtigen, ganz persönlichen Errungenschaften unseres Lebens sollten wir auf jeden Fall unbedingt angemessen würdigen.

Qualitätsbewusst und kaufkräftig: die »Best Ager« als Lieblings-Zielgruppe der Marketingstrategen

Nun sind wir also in einer Lebensphase angekommen, in der wir uns neu sortieren müssen: Was ist uns wichtig, was weniger? Was ist uns bisher gelungen, was nicht? Diese sehr persönliche Bilanzierung kann je nach individueller Geschichte und Offenheit unterschiedlich ausfallen und ist übrigens völlig unabhängig von äußerlich sichtbaren Zeichen des Erfolges. Da kann jemand noch so viel Geld, einen tollen Job oder ein großes Haus haben: Wenn dieser von allen beneidete Erfolgsmensch eine innerliche Leere spürt, wird er sich kaum reicher fühlen als jemand, der zwar finanziell schlechter gestellt ist, sich aber einen wichtigen persönlichen Lebenstraum erfüllt hat.

Vermutlich ist diese vorläufige Lebensbilanzierung für niemanden ausschließlich ein Fest der Freude. Denn da gibt es ja fast immer doch ein paar Wermutstropfen. Was haben wir nicht alles verpasst! Was hätte noch toller, besser, schöner sein können! Und was wäre vielleicht aus mir geworden, wenn ...

Nein, das ist kein Grund zum Verzweifeln! Im Gegenteil: Nutzen wir diese innere Auseinandersetzung doch einfach, um uns noch besser kennenzulernen und vielleicht neue Prioritäten zu setzen. Denn eines ist sicher: Es kommen spannende Zeiten auf uns zu. Zumindest dann, wenn wir die Chancen nutzen, die sich uns jetzt bieten.

Allerdings wird es uns in der Gesellschaft nicht gerade besonders leicht gemacht, selbstbewusst, fröhlich und stilvoll älter zu werden. Ehrfurcht vor den weisen Älteren wie bei manchen Naturvölkern? Pustekuchen. Altern ist in unserem Kulturkreis lediglich das Synonym für sukzessiven geistigen und körperlichen Verfall, der am besten möglichst lange herausgezögert und vertuscht wird. »Älter werde ich später« heißt es dann konsequenterweise – wie das Buch der vermeintlich ewig jungen Schauspielerin Iris Berben. Und bewundert wird dann natürlich, wer jünger aussieht, als er ist. »Mit diesen 10 einfachen Stylingtricks können Sie locker ein paar Jahre wegmogeln und jünger aussehen«[1], lesen wir auf der Internetseite einer beliebten Frauenzeitschrift. Und auch *BILD* kennt natürlich unsere Achillesferse: »So wirken Sie jünger, als Sie wirklich sind.« Die Botschaft: Jünger auszusehen ist erstens erstrebenswert und zweitens ein Kinderspiel.

Immerzu werden wir mehr oder weniger subtil dazu angehalten, unser wahres Alter zu verbergen. Als sei es ein Grund, sich zu schämen, dass man älter als 45 ist! Kein Wunder, dass Hyaluron-Cremes zur Faltenminimierung regen Absatz finden. Schade zwar, dass die *Stiftung Warentest* in einer Untersuchung von Anti-Aging-Produkten zu dem ernüchternden Ergebnis kam, dass der Verjüngungseffekt »mit bloßem Auge kaum sichtbar und oft schon am nächsten Tag vorbei«[2] ist. Der entsprechende Kosmetikmarkt boomt dessen ungeachtet fröhlich weiter. Auch Schönheitschirurgen profitieren von dem allgegenwärtigen Jugendwahn. Falten- und bauchspeckfrei in die späteren Jahre, warum denn nicht? Ob Brustvergrößerung, Augenlidkorrektur, Facelifting, Bauchdeckenstraffung oder Schamlippenverkleinerung: Immer mehr Menschen, vor allem Frauen, lassen an sich herumschnipseln in der Hoffnung, anschließend jünger und attraktiver auszusehen und sich vor allem dann auch so zu fühlen. Auch Botox gilt mittlerweile nicht mehr nur in Promikreisen als akzeptable Methode der Selbstverschönerung.

Ein Ende des Jugend-, Perfektionierungs- und Schönheitswahns ist leider nicht in Sicht. Im Gegenteil: Heidi Klum macht mit ihrem Format *Germany's Next Topmodel* gerade eine ganze Generation junger Mädchen verrückt: »Bin ich zu dick? Habe ich zu fette Beine? Bin ich zu klein?«, fragen sich mittlerweile schon die hübschesten Teenagermädchen und treiben sich selbst und ihre Eltern damit in die Verzweiflung.

Es wird langsam Zeit für einen Wertewandel. Die demografische Entwicklung könnte hier Vorschub leisten. Und sie tut es ja schon. Wir »Best Ager« werden nämlich langsam attraktiv. Zumindest für die Werbeindustrie. Denn dass die Menschen ab Mitte 40 Wert auf gehobene Lebensqualität und Mobilität legen, wissen die Marketingstrategen schon längst. Nicht ohne Grund sind die »Best Ager« zur beliebtesten Zielgruppe der Marketingstrategen avanciert. Sie sind nämlich kaufkräftig und konsumfreudig: »Wie sich zeigen wird, sind die ›Best Ager‹ für die Verkäufer von hochpreisigen Waren von besonderer Bedeutung, da diese zugleich über eine hohe Kaufkraft und eine große Konsumbereitschaft verfügen. Ihr Potenzial für den Premiumverkauf kann kaum überschätzt werden. Weil es hier möglich ist, neue Kunden zu gewinnen und die Absätze an diese Kunden insgesamt stark zu erhöhen, verdienen die ›Best Ager‹ ausdrückliche Berücksichtigung«[3], heißt es auf *business-wissen.de*. Immer mehr entsprechende Werbekampagnen werden demnächst auf uns zurollen, darauf dürfen wir gespannt sein. Ob das allerdings das zweifelhafte Image der Lesebrille dauerhaft verbessern wird, wird man sehen müssen.

Falten und Cellulitis – na und? Warum sich Frauen in den besten Jahren in ihrer Haut oft richtig wohlfühlen

Es ist indessen ein Irrtum, dass eine Frau sich zwangsläufig gut und attraktiv fühlen muss, wenn sie jung und hübsch ist. Das Gegenteil ist oft der Fall: Denn viele Frauen gewinnen erst ab ca. 30 eine rundum positive Körperwahrnehmung. Auch eine gewisse psychische Stabilität, die es ihnen ermöglicht, selbstbewusst zu sich, zu ihrem Aussehen und ihren Bedürfnissen zu stehen, erlangt man erst mit einer gewissen Reife. So sagte etwa Maria Furtwängler in einem Interview in *DIE ZEIT:* »Ich habe mich als 20-Jährige in vielerlei Hinsicht unwohl gefühlt. Ich fühlte mich auch körperlich unwohl. Ich konnte dies und jenes nicht leiden an mir. Ich war sehr unsicher […]. Es scheint ja das Privileg des Älterwerdens zu sein, dass man sich in dem Maße mehr leiden mag, je mehr Jahre hinzukommen.«[4] Eben. Da wird sie wohl recht haben.

Man mag es kaum glauben, aber sogar die Schönsten der Schönen leiden häufig unter massiven Selbstzweifeln. So heißt es auf *stern.de* über das einstige Schönheitsidol der 1960er Jahre Brigitte Bardot, sie habe große Angst gehabt, die hohen Erwartungen nicht erfüllen zu können. Das sei erst mit dem Alter besser geworden. Und die Film-Diva selbst sagte einmal in einem Interview, sie fühle sich hässlich. Kaum zu fassen! Und das, obwohl ihr die Männer reihenweise zu Füßen lagen! Da sieht man mal wieder, wie krass Selbst- und Fremdwahrnehmung auseinanderklaffen können. Und dass weder Schönheit noch Bewunderung durch andere Menschen zwangsläufig glücklich macht. Oft kann weder das eine noch das andere die inneren Selbstwertlöcher stopfen, unter denen viele Menschen entweder entwicklungsbedingt phasenweise oder sogar chronisch leiden.

Tatsächlich haben junge Frauen sehr oft eine höchst verzerrte Selbstwahrnehmung, mäkeln permanent kritisch an sich herum und finden an sich Problemzonen, die es gar nicht gibt. Während also junge Frauen oftmals unter dem Gefühl leiden, dem gängigen Schönheits- und Modeideal hinterherhecheln zu müssen, um insbesondere Männer beeindrucken zu können und den eigenen hohen Ansprüchen zu genügen, legen reifere Frauen mehr Wert auf ihre individuelle Ausstrahlung und einen persönlichen Stil. Sie wissen dann um ihre Attraktivität ebenso wie um ihre Problemzonen und können ihre kleinen Macken eher mit Humor nehmen. Dazu gehört eine Menge Souveränität, die junge Frauen oft noch gar nicht haben können.

Die etwas reifere Frau hat in der Zwischenzeit in der Regel ja auch erfahren, dass sie liebenswert ist, so wie sie ist. Und dass es nicht immer nur darauf ankommt, *anderen* zu gefallen, sondern in erster Linie, sich selbst wohlzufühlen. Wenn Frauen das mit der Zeit gelernt haben, können sie sich und ihren Körper oftmals milder, liebevoller und gelassener betrachten, als ihnen das in jungen Jahren möglich war.

Diät-, Jugend- und Schönheitswahn hin oder her: Die Frau im mittleren Alter hat einfach mehr zu bieten! Sie hat Charakter und Charisma. Sie kann auf eine persönliche Entwicklungsreise zurückblicken, die sie geprägt und zu derjenigen hat werden lassen, die nun so unverwechselbar ist. Sie ist eine interessante Gesprächspartnerin. Und sie hat manchmal auch eine erotische Ausstrahlung und Tiefe, von der junge Frauen noch weit entfernt sind. Das sollten wir uns hin und wieder klarmachen. Nicht ohne Grund schreibt schließlich der bekannte US-amerikanische Sexualtherapeut David Schnarch: »Zwischen Cellulitis und leidenschaftlichem Sex besteht ein enger statistischer Zusammenhang.«[5] Na, das lässt doch hoffen!

| *Und wie ist das bei Ihnen so?*

Positive Entwicklungen wahrnehmen und wertschätzen
Manchmal sollten wir innehalten und aufhören, kritisch unsere Falten zu begutachten und uns über unsere Speckpölsterchen oder andere kleinere »Mängel« zu ärgern. Selbstmitleid ist zwar manchmal ganz angenehm, auf Dauer aber auch keine Lösung.

Ein kleiner Perspektivwechsel kann da vielleicht ganz hilfreich sein: Überlegen Sie sich doch mal, wie Sie sich entwickelt haben: In welchen Bereichen fühlen Sie sich besser, sicherer, wohler als früher?

- Was mögen Sie an Ihrem Körper jetzt lieber als früher?
- Mit welchen körperlichen Eigenschaften gehen Sie milder um als früher?
- Was mögen Sie mittlerweile richtig gerne an Ihrem Körper?
- Was finden Sie besonders schön an sich?
- Was findet Ihr Partner/Ihre Partnerin besonders schön an Ihnen?
- Was hat sich in Ihrer Sexualität positiv verändert?
  - Gibt es etwas, das Sie mittlerweile besser genießen können als früher? Woher kommt das Ihrer Ansicht nach?
  - Was trauen Sie sich jetzt, was Sie sich früher nicht getraut hätten?
- In welcher Beziehung sind Sie selbstsicherer geworden, als Sie früher waren? Woran merken Sie das?
  - Von wessen Urteilen sind Sie mittlerweile unabhängiger als früher?
  - Wie kommt das Ihrer Ansicht nach?
  - Was haben Sie zwischenzeitlich gelernt, was Sie früher noch nicht so gut konnten?

Machen Sie diese Übung nicht, wenn Sie gerade besonders deprimiert sind, sondern wenn Sie sich gerade richtig gut fühlen. Legen Sie das Geschriebene anschließend in ein Schatzkästchen. An grauen »Keiner-mag-mich«-Tagen können Sie dann wieder mal einen Blick darauf werfen.

Augen auf und durch: Loslassen und andere Entwicklungsaufgaben

Jung ist die Generation Lesebrille also nicht mehr. Aber auch noch lange nicht alt! Sie hängt eher so merkwürdig dazwischen. Die wichtigsten Lebensziele sind vielleicht schon erreicht. Die Kinder werden langsam groß, im Job läuft es mehr oder weniger, das kleine Domizil ist auch längst eingerichtet. Die Eltern werden vielleicht nun gebrechlich und brauchen

Hilfe bei der Pflege. Eingepfercht in berufliche und private Pflichten bleibt manchmal wenig Zeit für Muße und Besinnung. Und es wabert die bange Frage im Raum: Und nun? Soll das jetzt etwa alles gewesen sein?

Bei uns wurde der Anbruch dieser Lebensphase durch den Einzug einer ziemlich unspektakulären Lesebrille markiert. Manchmal sind es auch andere Erlebnisse, die den neuen Beginn dieses durchwachsenen Lebensabschnitts kennzeichnen. Etwa der Auszug eines Kindes, der einen plötzlich im wahrsten Sinne des Wortes »alt aussehen lässt«; eine unerwartete Krise im Job, die die Frage nach den ursprünglichen Berufszielen und -wünschen wieder hochkocht; die Wechseljahre, die durch Hitzewallungen und andere Unannehmlichkeiten auf die Endlichkeit der Fruchtbarkeit aufmerksam machen und uns zwingen, sich mit dem Thema »Weiblichkeit« zu befassen; eine saftige *midlife crisis*, die den Gatten massiv an sich und seiner Attraktivität zweifeln lässt. Aber auch ein besonderer Durchbruch, das Erreichen eines einst gesteckten Zieles kann nach der Freude durchaus das schale Gefühl hinterlassen: Und nun? Brauche ich ein neues Ziel? Oder kann ich einfach jetzt so perspektivlos vor mich hindümpeln? Das Wichtigste ist erreicht, was soll da schon noch kommen?

So schreibt die Autorin Carola Kleinschmidt in ihrem Blog *Jung älter werden:* »Manchmal entzückt mich das Leben in der gleichen Intensität wie mit 18. Aber häufiger sitze ich auch da und denke: Und wie jetzt weiter? Die Kinder sind da, ein netter Mann gefunden, ein paar Bücher geschrieben. Alle Ziele erreicht. Und so richtig neue sind nicht in Sicht, in die ich meine Energie, Vorfreude stecken möchte. Und überhaupt, neben den ›großen Dingen‹ wirken die möglichen neuen Ziele so klein.«[6] Mit diesen Worten spricht sie wohl vielen Altersgenossen und -genossinnen geradewegs aus der Seele.

Was sich in dieser Altersphase relativ oft einstellt, ist ein bleiernes Gefühl von Ratlosigkeit und Leere. Wer diese nicht spüren will, trinkt oft reichlich Alkohol, sitzt stundenlang vor dem PC oder vor der Glotze, stürzt sich hektisch in sinnbefreite Geschäftigkeit, treibt einfach kopflos seine beruflichen Tätigkeiten weiter voran oder sucht sich ein erotisches Abenteuer nach dem anderen. Denn dieses Gefühl der Leere kann durchaus quälend sein. Und wir sind nun mal geneigt, unangenehme Zustände möglichst schnell und gründlich auszublenden. Statt innezuhalten und sich zu fragen, was unsere Psyche uns eigentlich sagen will, dröhnen wir uns voll oder flüchten vor uns selbst. Meister im Abwehren von Selbstzweifeln, dem Gefühl von Sinnlosigkeit oder Enttäuschung sind oft äußerlich gut funktionierende Persönlichkeiten, die keinen Blick hinter ihre Fassade wagen. Denn was sie dort vorfänden, könnte unter Umständen ihrem eigenen Ich-Ideal stark widersprechen und sie in tiefe Verwirrungszustände stürzen. Das gilt es natürlich zu vermeiden, wenn man nach außen das Bild des erfolgreichen Managers oder der ewig toughen Selbstständigen vermitteln will.

Manchmal sind es auch massive Ängste, die uns daran hindern, einen tieferen Blick in unsere Seele zu werfen. Um diese abzuwehren, muss viel Energie aufgewendet werden, was dann irgendwann in Erschöpfungszustände oder sogar Depressionen münden kann. Je hartnäckiger aufkommende Sinnfragen und Zweifel aber verdrängt werden, desto größer wird die Wahrscheinlichkeit, dass sich die Seele ein Ventil über körperliche Beschwerden sucht. Dann holt die tiefsitzende Sinnfrage den Betroffenen womöglich hinterrücks etwa in Form einer sogenannten Burnout-Symptomatik wieder ein.

In dieser störanfälligen Lebensphase, die als »zweite Pubertät« bezeichnet wird, brechen auch manchmal alte Kindheitstraumata wieder auf. Lange Verdrängtes schleicht sich dann langsam ins Bewusstsein hinein und will gesehen und bearbeitet werden. Auch diese Prozesse werden oft von psychosomatischen Symptomen begleitet. Neben Angstzuständen, Panikattacken oder depressiven Verstimmungen sind es häufig Schmerzen ohne nachweisbare körperliche Ursache, die Menschen darauf aufmerksam machen, dass irgendetwas in ihnen gärt. Die interessanten Fragen, die hinter solchen Symptomen lauern, sind immer:

- Worauf will mich mein Körper eigentlich aufmerksam machen?
- Vernachlässige ich mich? Überfordere ich mich? Oder beides?
- Was strengt mich gerade in meinem Leben so an?
- Gehe ich zu oft über meine eigentlichen Bedürfnisse hinweg?
- Wenn der Schmerz bzw. das Symptom sprechen könnte, was würde es mir sagen?

Hier feinfühlig im Umgang mit dem eigenen Körper und der Seele zu werden, ist ein erster Schritt, Zugang zu den Themen zu finden, die sich da gerade so unangenehm melden. Und die uns auch zeigen, woran wir arbeiten können, um in unserem Leben weiterzukommen.

Manche Frauen rutschen beispielsweise in depressionsartige Zustände, wenn die Wechseljahre einsetzen. Allerdings nicht zwangsläufig monokausal, *weil* sie in die Wechseljahre kommen, sondern weil zusätzlich unverarbeitete Themen hochkochen, die aufgrund des ohnehin etwas labileren Gesamtzustands weniger gut kompensiert werden können. Oder weil sie vielleicht merken, dass das Leben, das sie gerade führen, so gar nicht mehr dem entspricht, was sie sich eigentlich aktuell wünschen oder wie sie sich das vorgestellt haben. Die uns bewusster werdende Endlichkeit des Lebens drängt uns dazu, noch ein bisschen genauer hinzusehen: Was will ich noch erleben? Was ist mir besonders wichtig in meinem Leben? Was soll noch passieren?

Doch auch wenn das alles nicht stattfindet und »frau« und »man« sich fit, fröhlich und gesund fühlt, bringt die »Lebensmitte« so einige Herausforderungen mit sich. Waren insbesondere Frauen bislang womöglich stark an Heim und Familie gebunden, so entsteht durch das Älterwerden der Kinder oft eine Lücke, die neu gefüllt werden muss. Insbesondere wenn Jugendliche und Heranwachsende das liebevoll-mütterliche Versorgungsprogramm jetzt vehement ablehnen, stellt sich das unbehagliche Gefühl ein, zumindest in dieser Hinsicht nicht mehr gebraucht zu werden. Diesen Abschied bewusst zu gestalten und als natürlichen Trauerprozess zu leben, fällt manchen Frauen zunächst schwer. Sie werden dann aktionistisch und laden sich neue Arbeit auf, die ihnen wiederum das Gefühl gibt, unentbehrlich zu sein.

Wie eine Mutter diese gravierende Umbruchphase bewältigt, hängt stark mit ihren früher gemachten Bindungserfahrungen zusammen. Und ist abhängig von der Rolle, mit der sie sich in den letzten Jahren überwiegend identifiziert hat. So können sich Frauen, die schon seit früher Kindheit ihren Selbstwert insbesondere dadurch bezogen haben, *gut für andere zu sorgen,* durch den Verlust dieser Aufgabe das Gefühl entwickeln, den Boden unter den Füßen zu verlieren. Andere wiederum, die sich für die Kinder »aufgeopfert« haben, können manchmal schwer damit umgehen, dass ihre »mütterliche Opfergabe« nunmehr abgelehnt wird, und reagieren wütend und enttäuscht. Diese Reaktionen sind übrigens ganz unabhängig von Bildungsgrad und beruflicher Situation. Selbst eine voll erwerbstätige Frau kann nach dem Auszug eines Kindes in eine tiefe Krise stürzen. Und umgekehrt kann eine Mutter, die bis dato einer Teilzeiterwerbstätigkeit nachging, sehr froh über diese Veränderung sein. Es ist also weniger von den äußeren Umständen abhängig, wie jemand solche schwierigen Übergänge gestalten kann. Es hat eher mit den eigenen Erlebnissen, Ängsten und dem eigenen Selbstverständnis zu tun.

Die erwachsen werdenden Kinder bewusst loszulassen, ist vermutlich eine der schwierigsten Aufgaben von Frauen in der Lebensmitte. Auch

Väter hadern manchmal damit, ihre älter gewordenen Kinder ziehen zu lassen. Grob verallgemeinernd kann man wohl sagen, dass es Eltern – egal, ob Vater oder Mutter – insgesamt dann leichter fällt, die Kinder aus dem Haus gehen zu sehen, wenn sie ein gutes und geklärtes Verhältnis zueinander haben. Zu enge, verwickelte oder symbiotische Bindungen sowie sehr konflikthafte Beziehungen erschweren sowohl dem Jugendlichen als auch den Eltern das gegenseitige Loslassen.

Loslassen ist keine Kunst. Sondern eine Haltung, an der Sie bewusst arbeiten können

Wenn es Ihnen schwerfällt, Ihre Kinder »loszulassen«, könnten Sie folgende Fragen in Ihrem Herzen bewegen:
- Was befürchten Sie? Haben Sie Angst, jetzt oder bald nicht mehr gebraucht zu werden, nicht mehr wichtig zu sein? Wenn das so ist: Was löst diese Befürchtung für Gefühle aus?
- Kommen unangenehme Gefühle hoch oder werden schwelende Konflikte deutlich, die vorher keinen Platz hatten? Fürchten Sie sich davor, diese anzusehen? Was könnte schlimmstenfalls passieren? Und andererseits: Was könnte bestenfalls passieren?
- Fürchten Sie, dass alte Konflikte mit Ihrem Partner / Ihrer Partnerin wieder aufbrechen, auf die Sie keine »Lust« haben, weil sie Ihnen wehtun oder Sie nerven?
- Ist es schmerzhaft für Sie, die Ära »Familienleben mit Kindern« abzuschließen? Was macht Sie daran so traurig? Und wer oder was könnte Sie trösten?

Bedenken Sie bitte, dass dieser »innere Verabschiedungsprozess« eine Weile dauern kann und Sie dabei verschiedene Phasen durchlaufen. Rechnen Sie nicht damit, dass Sie eine solch tiefgreifende Veränderung mal so nebenbei »abhaken« können. Trauerprozesse (und nichts anderes ist das Loslassen der großen Kinder doch!) verlaufen nicht linear, sondern in Schüben. Seien Sie also nicht besorgt, wenn es mal wieder vermeintliche Rückschläge gibt. Geben Sie sich also Zeit, und haben Sie viel Geduld mit sich!

Exkurs: Was heißt schon »Lebensmitte«?

Da Frauen immer häufiger erst mit Ende 30 oder sogar Anfang 40 Kinder bekommen, sind diese dann manchmal noch recht klein, wenn sich die Wechseljahre ankündigen. Diese neue Entwicklung wirbelt unsere herkömmliche Vorstellung von der klassischen *midlife crisis* gehörig durcheinander. Denn auch Mütter und Väter in der Lebensmitte, deren Kinder noch klein sind, werden durchaus von den Sinnfragen heimgesucht, befinden sich aber noch mitten in der Familienphase. Da heißt es dann: »Ich habe schon im Job einiges erreicht, ich wollte zwei Kinder – die hab ich jetzt. Und nun?« Manchmal verschiebt sich die Krise dann aber auch einfach zeitlich nach hinten: Wir werden eben immer älter. 60 ist das neue 40. Und dann kommen die Krisen der Lebensmitte eben manchmal auch eher im dritten Lebensviertel. Was man unter »Lebensmitte« versteht, ist also relativ und insofern unabhängig von dem tatsächlichen Lebensalter. Ob jemand unter einer *midlife crisis* leidet, kommt also weniger auf das tatsächliche Lebensalter an als auf die jeweilige individuelle Lebenssituation und die eigene Entwicklungsphase. Der Begriff »Krise in der Lebensmitte« wird hier also eher als Synonym für eine bestimmte psychische Befindlichkeit in einer bestimmten Lebensphase verwendet. Er umschreibt weniger eine Zeitspanne als eine ganz normale Krise in unserem Leben, in der wir viel über uns lernen müssen, wenn wir sie erfolgreich meistern wollen.

Wechseljahre und *midlife crisis:* Mann und Frau in heißen Zeiten

Doch nicht nur das Loslassen der größer gewordenen Kinder spielt in dieser Lebensphase für Frauen eine große Rolle. Denn oft sind ja auch schon die Wechseljahre im Anmarsch. Dabei umfasst der Prozess der Wechseljahre weit mehr als nur die langsame hormonelle Umstellung des weiblichen Körpers in den Unfruchtbarkeits-Modus und den (vermeintlichen) Verlust von Schönheit, Vitalität und Energie. Viele Frauen blühen in den Wechseljahren nämlich noch mal richtig auf, kaufen sich unkonventionelle Klamotten und scheren sich endlich mal einen Kehricht um die Meinung des spießigen Nachbarn.

Aber es geht in erster Linie um inneres Wachstum, um Reifung. Es geht darum, sich intensiv auf sich selbst zu besinnen. Dazu gehört zum Beispiel auch, eine Art innere Bestandsaufnahme zu machen und sein

Leben von überholten Glaubenssätzen und überflüssig gewordenen moralischen Grundsätzen zu befreien. Beides kann sehr befreiend sein und das Leben energetisch aufladen.

Forschungsergebnissen zufolge verändert sich übrigens in den Wechseljahren nicht nur der Hormonhaushalt, sondern auch das neuronale Muster unseres Gehirns. Die Devise lautet also: Umstrukturierung. Im Gehirn, im Hormonhaushalt und im praktischen Leben.

In den Wechseljahren zu sein, bedeutet auch inneres Großreinemachen und Entrümpelung: Raus mit dem Kram, der nicht mehr in unser Leben passt. Das können alte Möbel, überholte Verhaltensweisen und unliebsam gewordene Beziehungen sein.

Männer haben in dieser kritischen Lebensphase manchmal andere Themen zu bearbeiten als Frauen, was in erster Linie mit den soziokulturell bedingten unterschiedlichen Geschlechterrollen zu tun hat. Noch immer sind es in der Regel die Frauen, die ihre Berufstätigkeit zugunsten der Kindererziehung zurückstecken, auch wenn es hier mittlerweile deutliche Veränderungen gibt. Doch obwohl immer mehr Mütter berufstätig sind, geben Männer selten zu Hause den Vollzeit-Daddy, und wenn, dann höchstens vorübergehend. Immer noch sind es die Männer, die kurz nach der Familiengründung ihr Fortkommen im Job forcieren und dann meist dauerhaft hartnäckig an ihrer Karriere basteln.

Und genau das ist manchmal das Thema von Männern in der *midlife crisis*. Sie merken dann zum Beispiel bekümmert, dass sie zu viel Energie in ihren Job gesteckt und zu wenig Zeit mit den Kindern verbracht haben, als diese noch klein waren und sich darüber gefreut hätten. Sie fragen sich dann mitunter, ob sich das Gerackere um Geld, Anerkennung und einen bestimmten Posten wirklich gelohnt hat. Ob der Preis dafür vielleicht nicht doch etwas zu hoch war. An Erfolg und ein gutes Gehalt haben sie sich eventuell gewöhnt, es ist dann womöglich nichts mehr, worauf man besonders stolz ist. Ehe und Sex sind vielleicht über die Jahre ein bisschen langweilig geworden, und das Thema »Älterwerden« will ja auch angemessen verdrängt werden. Der Ausweg »attraktive junge Geliebte« scheint da vielen Männern gerade recht zu kommen.

Aber es gibt mittlerweile auch ganz andere Entwicklungen, mit denen heutige Männer in der Lebensmitte zu kämpfen haben: Anders als vor zwei oder drei Jahrzehnten gibt es nämlich immer weniger klassische Berufsbiografien und gradlinig verlaufende Lebensläufe. Immer häufiger werden berufsbedingte Veränderungen wie etwa Arbeitsplatzverlust zu belastenden Faktoren. 50-Jährige sind heutzutage gar nicht so selten genötigt, sich einen neuen oder einen Zusatzjob zu suchen, denn weder Arbeitsplätze noch Renten sind sicher. Die Vorstellung, ein 50-jähriger Mann säße also gelangweilt und frustriert auf seinen wohlverdienten Lorbeeren, trifft sicher noch auf manche, aber längst nicht mehr auf alle zu. Es waren schlichtweg andere Zeiten, als der Psychotherapeut Jürg Willi in seinem Buch *Die Zweierbeziehung* 1975 schrieb: »Die berufliche Karriere des Mannes ist jetzt so weit festgelegt, dass deren zukünftiger Verlauf in relativ geringer Schwankungsbreite voraussehbar geworden ist.«[7]

Dass diese Verunsicherung eine zusätzliche Belastung ist, liegt auf der Hand. Denn dann stellt sich die bittere Frage: »Nun habe ich die ganzen Jahre hart gearbeitet, jetzt werde ich abserviert und bekomme wegen meines Alters vielleicht noch nicht mal mehr einen neuen Job.« Dazu gesellt sich ein schales Gefühl der Sinnlosigkeit und vielleicht sogar Bitterkeit. Das Resümee heißt dann nicht: »Ich habe Erfolg, was nun?« Sondern: »Und wie komme ich jetzt über die Runden? Wie kann ich jetzt meine/unsere Existenz sichern?«

So betrachtet kommt es einem doch glatt so vor, als sei die klassische männliche *midlife crisis* der 70er und 80er Jahre ein echtes Luxusproblem gewesen. Vielleicht sollten wir die Krise in der Lebensmitte auch tatsächlich so verstehen: Als erstklassige und besondere Chance, weiter an uns zu arbeiten und zu wachsen. Das gelingt, wenn wir bewusst aus dem gefühlten Jammertal herauswandern und versuchen, neue Berge zu erklimmen. Diese müssen natürlich weder steinig noch besonders hoch sein: Eine neue Aussicht garantieren sie trotzdem.

Das geht auch, wenn man sich eine neue berufliche Zukunft aufbauen muss, auch wenn das freilich sehr viel mühseliger ist. Es kann sogar dazu führen, dass man endlich Träume verwirklicht, die man vorher vernachlässigt hat. Endlich noch mal eine Weiterbildung machen oder die Selbstständigkeit wagen – das machen immer mehr Menschen in den mittleren Jahren manchmal notgedrungen, aber oft auch mit großem Interesse und Freude. Ein bisschen Mut gehört freilich dazu. Und die Bereitschaft, sich ernsthaft die Fragen zu stellen: Was will ich? Worauf lege ich besonderen Wert? Und was ist mein nächstes Ziel?

Wer bin ich heute, und wenn ja, warum? Freundlich bilanzieren

In der Lebensmitte fangen viele Menschen nahezu unwillkürlich an, eine (vorläufige) persönliche Lebensbilanz zu ziehen: Wer bin ich geworden? Und wer wollte ich ursprünglich mal werden? Wo sind meine Träume geblieben? Kommt da noch was oder soll das jetzt alles gewesen sein?

Nun werden wir gezwungen, uns inmitten allen hektischen Treibens endlich mal wieder mit uns selbst zu beschäftigen. »Wie geht es mir gerade in meinem Leben?« ist nämlich eine Frage, mit der sich viele Menschen freiwillig gar nicht so gerne beschäftigen. Das ist verständlich, denn diese Frage ist ja durchaus schwierig zu beantworten, weil das Leben komplex ist und die eigene Befindlichkeit nicht wirklich in einen einzigen Satz passt.

Dazu kommt, dass man sich eventuell Gedanken machen müsste über Beziehungen oder Zustände, mit denen man sich eigentlich lieber gar nicht beschäftigen möchte. Warum schlafende Hunde wecken, wenn es doch einigermaßen läuft?

Es sind aber ja gerade die Themen, die mit großer Abwehr behaftet sind, an denen wir am meisten über uns selbst lernen könnten. Wenn wir uns weiterentwickeln wollen, wenn wir uns verstehen wollen und immer mehr zu demjenigen Menschen werden wollen, der wir sein könnten, dann sollten wir auch mal einen Blick in die verborgenen Winkel und Ecken unserer Seele werfen. Auch, wenn uns das manchmal schwerfällt.

Damit keine Missverständnisse aufkommen: Sich belastende und unbequeme Themen vom Hals halten zu können, ist eine durchaus überlebenswichtige Fähigkeit. Es wäre um den Menschen schlecht bestellt, wäre er nicht in der Lage, zumindest vorübergehend sein psychisches Abwehrsystem einzuschalten. Er liefe ja nahezu schutzlos durch die Gegend. Das wäre doch grauenvoll! Insofern ist es eine wunderbare Einrichtung der Psyche, dass sie sich durch bestimmte Abwehrmechanismen vor allzu viel Einflüssen und Schmerzen schützen kann.

Wer allerdings ständig vor seinen eigenen unbearbeiteten Themen und Problemen davonläuft, bleibt wie ein Hamster in seinem Rad gefangen. Veränderung, Wachstum oder Befreiung aus bestimmten überholten Mustern kann dann nicht stattfinden. Oft sind es dann persönliche oder ganz normale Reifungskrisen wie die Krise in der Lebensmitte, die uns dazu zwingen, uns mit den verborgenen Seiten unserer Psyche auseinanderzusetzen. Weil in solchen Krisen altbewährte Abwehrmechanismen außer Kraft gesetzt werden, können dann neue Entwicklungsprozesse einsetzen. Vorausgesetzt, die Krise wird auch tatsächlich mutig als Chance genutzt und nicht nur als lästiges Übel bekämpft, etwa mit Alkohol, Medikamenten etc.

Mut zum Hinschauen: Wie geht es Ihnen in Ihrem Leben?

Lassen Sie sich mit der Antwort Zeit. Ein knappes »gut« oder »nicht so gut« wäre nicht so hilfreich, weil diese Begriffe wenig aussagekräftig sind. Sie taugen für Smalltalk oder eine Kurzversion am Telefon für entfernte Bekannte, aber nicht, um wirklich Einblick in die eigene Befindlichkeit zu bekommen.

Am besten nehmen Sie ein kleines Blankobüchlein und einen Stift zu Hand und schreiben (immer mal wieder) Ihren ganz persönlichen, ganz subjektiven, gefühlten »Ist-Zustand« auf.

Wenn Sie wollen, können Sie folgende Stichworte nutzen, um ein etwas komplexeres Bild Ihrer jetzigen Lebenssituation zu zeichnen. Vervollständigen Sie dazu möglichst spontan die unten stehenden Satzanfänge:

- Ich bin fröhlich, wenn …
- Ich fühle mich wohl, wenn …
- Zuwendung und Bestätigung erfahre ich, wenn …
- Besonders kompetent fühle ich mich, wenn …
- Verletzt fühle ich mich, wenn …
- Ich spüre meine ganze Energie und Kraft, wenn …
- Momentan fällt es mir ganz leicht …
- Ich fühle mich geliebt, wenn …
- Ich werde traurig, wenn …
- Ich fühle mich alleine, wenn …
- Mich belastet zur Zeit, dass …
- Kummer macht mir manchmal, dass …
- Meine größte Sorge derzeit ist, dass …
- Als besonders herausfordernde Aufgabe empfinde ich zurzeit, dass …
- Ich bin manchmal wütend, weil/wenn …
- …

Schreiben Sie ungefiltert alles auf, was Sie gerade bewegt und beschäftigt. Vergessen Sie dabei auf keinen Fall aufzulisten, was Ihnen alles guttut und was Ihnen Freude bereitet. Sie werden sehen, dass Ihr Leben eine Fülle sehr unterschiedlicher Themen bereithält, dass es sehr bunt und breit gefächert ist. Genau deshalb ist es fast immer unmöglich zu sagen: »Es geht mir ausschließlich gut«, oder: »Es geht mir ausschließlich schlecht.«

Legen Sie das Geschriebene dann beiseite und vergessen Sie es vorübergehend. Nehmen Sie es ein paar Tage später wieder in die Hand und lesen Sie, was Sie geschrieben haben. Lassen Sie sich davon berühren:

- Was bewegt Sie am meisten?
- Über welchen Punkt würden Sie vielleicht gerne mit jemandem reden?
- Gibt es einen Aspekt, der Sie besonders aufwühlt oder beschäftigt? Haben Sie eine Idee, warum das so sein könnte?

Anmerkung: Diese Übung dient dazu, das Gespür für sich selbst zu schulen. Besonders Mütter, die sich jahrelang überwiegend um andere Menschen gekümmert haben oder es immerzu anderen Recht machen wollen, haben manchmal gar keine Ahnung mehr, wie es ihnen selbst geht. Sie wissen zwar viel über die anderen um sie herum, sich aber einfach mal ausgiebig mit sich selbst zu beschäftigen und die eigene Befindlichkeit in den Vordergrund zu stellen, fühlt sich ungewohnt oder egoistisch an. Manche Frauen reagieren auf die Frage, wie es ihnen denn so gehe, sehr überrascht – als habe sie das seit Jahrzehnten nie jemand gefragt. Und manchmal ist das ja leider auch so. Oder man fühlt sich selber so unbedeutend, dass man eine solche Frage glatt überhört, frei nach dem Motto »Ich bin so unwichtig, da will doch ohnehin keiner wirklich wissen, wie es mir geht.«

Wenn Sie auch so eine Kandidatin sind: Üben Sie, sich selbst (wieder) mehr ins Zentrum Ihres Lebens zu rücken. Ein kleiner Anfang wäre gemacht, wenn Sie sich ab nun mehr Zeit für sich selbst nähmen, um sich über Ihre aktuellen Gefühle und Bedürfnisse klar zu werden. Schreiben oder Malen, Meditation, ausgedehnte Spaziergänge und alles andere, wobei Sie innerlich zur Ruhe und zu sich selbst kommen, könnte dabei hilfreich sein.

Im Alltagsgewusel vergessen wir oft, uns bewusst zu machen, was wir schon alles in unserem Leben erreicht haben, welche Schwierigkeiten wir bereits gemeistert haben, wie wir gewachsen und gereift sind. Wir haben uns daran gewöhnt, dass wir unsere Kinder gelassener erziehen als früher, dass wir ein schönes Heim pflegen, dass wir tolle Freundinnen haben oder einfach einen guten Job machen. Alles, was gut und rund läuft, ist in unserem Leben in der Gefahr, schlichtweg übersehen zu werden. Sich das ab und zu mal wieder klarzumachen, kann sowohl das Selbstwertgefühl als auch die Laune deutlich heben. Es ist sehr wichtig für unsere Seele, gelegentlich das Gelungene und bereits Erreichte wahrzunehmen und angemessen zu würdigen. Und es gibt sicher eine ganze Menge in Ihrem Leben, worauf Sie stolz und worüber Sie froh sein können!

Sich einfach mal hemmungslos auf die Schulter klopfen

Also nicht lange fackeln, Bleistift gespitzt und ran an die Erfolgsstorys Ihres Lebens:
- Was haben Sie beruflich alles schon erreicht?
- Worauf sind Sie besonders stolz?
- Welche Schwierigkeiten haben Sie im Job bereits erfolgreich gemeistert?
- Wo konnten Sie mal so richtig zeigen, was alles in Ihnen steckt?
- Was war das größte Kompliment, das Sie für Ihre berufliche Tätigkeit bekommen haben?
- Welche Anerkennung von Kollegen oder Ihrem Chef hat Sie am meisten gefreut?
- Worauf sind Sie in Ihrem Privatleben besonders stolz?
- Welche inneren oder äußeren Widerstände haben Sie erfolgreich überwunden?
- Was ist Ihnen in der Erziehung Ihrer Kinder so richtig gut gelungen?
- Wem haben Sie in Ihrem Leben schon Gutes getan?
- Welche persönlichen Krisen haben Sie gemeistert und überwunden?
- Was würden Ihre besten Freundinnen sagen, wenn man sie nach Ihren besten Eigenschaften fragen würde?

Auch diese Liste verdient es, in Ihrem Schatzkästchen zu landen. Ergänzen Sie sie immer mal wieder und werfen Sie besonders in Phasen, in denen Sie sehr selbstkritisch mit sich ins Gericht gehen, öfters einen liebevollen Blick darauf.

Zum Bilanzieren gehört freilich auch, sich anzuschauen, was uns vielleicht (noch) nicht gelungen ist. Auch wenn das manchmal traurig macht, so kann es doch sehr heilsam sein, sich mit verpassten Chancen und nicht realisierten Träumen auseinanderzusetzen. Denn erst wenn wir uns diese nochmals genau angesehen haben, können wir sie endgültig verabschieden und loslassen. Und dann? Dann ist wieder Platz für Neues geschaffen! Misten Sie also aus. Werfen Sie Ballast fort, der Sie nur belastet und wie ein überfüllter Rucksack Ihre weitere Lebensreise unnötig erschwert.

Das Verlorene, Vergangene, Verpasste betrauern, verabschieden und loslassen

Wenn Sie das Gefühl haben, Ballast in Ihrem Gepäck mit herumzuschleppen, den Sie gerne loswerden würden, befassen Sie sich doch einmal mit folgenden Fragen:

* Was von dem, das Sie sich ernsthaft vorgenommen hatten, ist Ihnen nicht gelungen?
  – Haben Sie sich ernsthaft darum bemüht, dieses Ziel zu erreichen? Oder hat Sie etwas hadern und zaudern lassen, so dass Sie gar nicht Ihre ganze Kraft in diese Bemühungen stecken konnten? Wenn ja: Was hat Sie zaudern lassen?
  – Oder hat Sie etwas anderes daran gehindert, sich ernsthaft für Ihr Ziel einzusetzen, etwa ein Schicksalsschlag o.Ä.?
  – Haben Sie Verständnis für sich oder machen Sie sich im Nachhinein noch Vorwürfe? Wenn ja: Würden andere Ihnen ebenso Vorwürfe machen? Könnten Sie diese Selbstvorwürfe über Bord werfen und mehr Verständnis für sich und Ihre damalige Situation entwickeln?
* Haben Sie das Gefühl, bei einem Vorhaben gescheitert zu sein?
  – Wenn ja: Sind Sie wirklich gescheitert oder kommt Ihnen das nur so vor?
  – Können Sie sich das eigene Scheitern eingestehen oder fällt Ihnen das schwer?
  – Haben Sie Schuldgefühle deswegen?
  – Wen haben Sie damit am meisten enttäuscht?
* Was hätten Sie gerne verwirklicht, waren aber nicht mutig genug dazu?
  – Nehmen Sie sich das übel?

- Oder verstehen Sie im Nachhinein, dass Sie sich das (damals) nicht getraut haben?
• Welcher Zeit in Ihrem Leben trauern Sie am meisten hinterher? Was war an dieser Zeit so schön und bedeutsam?

Wenn Sie Lust haben, schreiben Sie ein paar Sätze dazu auf.

Dosieren Sie die Beschäftigung mit dieser Übung bitte vorsichtig. Passen Sie gut darauf auf, dass Sie auch wieder Abstand zu den Themen und den durch sie hervorgerufenen Gefühlen gewinnen. Lenken Sie sich dann ab oder tun Sie sich etwas Gutes. Wenn es Ihnen leichter fällt, schreiben Sie in der dritten Person über sich selbst. Das schafft etwas Distanz, und diese ist bei schweren Themen mitunter höchst angebracht.

Es geht bei dieser kleinen Übung keinesfalls darum, sich schlecht fühlen oder in einem Meer aus Tränen versinken zu müssen. Es tut nur manchmal gut, Ballast abzuwerfen, den man schon seit Jahren mit sich herumschleppt. Und das gelingt nur, wenn man sich bewusst dazu entscheidet, ihn loszulassen.

Wichtiger Hinweis: Sollten bei Ihnen während dieser oder anderer Übungen in diesem Buch tiefe Trauer- oder gar Verzweiflungsgefühle hochkommen (was ich nicht hoffe), dann zögern Sie bitte nicht und holen Sie sich professionelle psychologische Hilfe. Mit therapeutischer Begleitung lassen sich belastende Themen der Vergangenheit oft besser verstehen und verarbeiten, als wenn man mit seinen heftigen Gefühlen ganz alleine bleibt und möglicherweise darin steckenzubleiben droht.

Adieu, alter Traum: Verabschiedungsritual

Wenn Sie mögen, können Sie ein kleines Verabschiedungsritual durchführen.

Legen Sie dazu zwei Listen an.

Auf die eine Liste schreiben Sie, wovon Sie sich ernsthaft und dauerhaft verabschieden wollen. Alle Träume und Ideen, unerfüllten Wünsche, Ärgernisse etc. der Vergangenheit, die Sie wirklich loslassen wollen und können, finden hier ihre letzte Ruhe.

Auf die andere Liste schreiben Sie alles, wovon Sie sich gerne verbschieden *würden,* es aber vielleicht noch nicht können. Also etwa einen Traum, den Sie noch nicht ganz loslassen können. Eine Hoffnung, die Sie noch nicht aufgegeben haben usw.

Die erste Liste können Sie dann feierlich verbrennen und die Asche z. B. in einen Fluss streuen. Oder denken Sie sich ein anderes Ritual aus, das vielleicht besser zu Ihnen passt. Wie auch immer Sie diesen rituellen Abschied gestalten: Machen Sie es angemessen würdig. Es ist immerhin ein Teil Ihres Lebens, den Sie hier symbolisch »begraben«.

Die andere Liste mit den noch nicht ganz aufgegeben Ideen und Träumen hingegen kommt in ein Schatzkästchen oder einen anderen persönlichen »heiligen Ort«. Dort schlummert sie dann, bis Sie den Impuls verspüren, sie wieder einmal herauszuholen und zu prüfen:

- Was davon will ich eigentlich gar nicht aufgeben, sondern habe nur das Gefühl, ich müsste es tun?
- Kann ich einen dieser Träume zumindest in kleiner Version doch noch umsetzen?
- Und von welcher Idee kann ich mich nun doch mit einem guten Gefühl verabschieden? Mit diesen Themen können Sie dann das Verabschiedungsritual wiederholen, wenn Sie mögen.

Wichtig: Nehmen Sie jedes innerliche Zögern ernst. Wenn Sie nicht hundertprozentig sicher sind, etwas wirklich aufgeben zu können, dann zwingen Sie sich nicht dazu. Diese Themen kommen dann ohnehin eines Tages wie ein Bumerang zurück. Die Seele lässt sich nichts vormachen – auch nicht durch gute Vorsätze oder schön gestaltete Rituale! Das Prozedere des Loslassens muss sich stimmig anfühlen, sonst betrügen Sie sich selbst.

Wenn Sie nun das Gefühl haben, genauer zu wissen, wo Sie stehen, was Ihre derzeitigen Themen sind und Sie Ihren Entwicklungshintergrund kennen, ist es an der Zeit, auch mal einen kleinen Blick in die Zukunft zu werfen. Hier können Sie hemmungslos herumfantasieren und bar jeder Kontrolle durch andere Personen oder Ihren eigenen Verstand Ihre Träume formulieren.

Werfen Sie einen Blick in die Zukunft: Was soll noch kommen?

Antworten Sie spontan, ohne sich selbst Einschränkungen aufzuerlegen. Sätze à la »Das geht doch sowieso nicht mehr« sind hier schlicht verboten!

- Welche meiner derzeit etwas brachliegenden Fähigkeiten möchte ich unbedingt ausbauen?
- Was ist mir in meinem jetzigen Leben sehr wichtig? Worauf lege ich besonderen Wert?
- Was macht mich (heute) glücklich? Wie kann ich dafür sorgen, dass ich mehr davon bekomme?
- Worauf habe ich in meinem Leben oft verzichtet? Möchte ich darauf weiterhin verzichten? Oder will ich mir endlich gestatten, das zu bekommen, worauf ich so lange verzichtet habe?
- Was möchte ich unbedingt noch in meinem Leben erleben?
- Was will ich noch erreichen? Was will ich dafür verändern?
- Habe ich noch einen Traum, den ich unbedingt verwirklichen will? Welchen ersten Schritt kann ich heute gehen, damit dieser Traum in Erfüllung geht?

Sicherlich werden sich diese Träume und Wünsche von Zeit zu Zeit verändern. Das ist normal, denn wir sind keine Maschinen, und unsere Befindlichkeit ändert sich häufig und damit auch unsere Bedürfnisse. Lassen Sie sich also nicht irritieren. Mit der Zeit wird sich schon herauskristallisieren, was Ihnen besonders wichtig ist. Sie müssen nur ab und zu mal wieder genau hinschauen und prüfen, was von Ihrer Liste noch aktuell ist, was oberste Priorität hat und was weniger wichtig ist.

Wundern Sie sich nun vielleicht, in einem Buch über Partnerschaft in der Lebensmitte erst einmal dazu aufgefordert zu werden, sich mit sich selbst zu beschäftigen? Sie werden es schon ahnen. Es gibt dafür einen Grund. Denn: Je differenzierter Sie über sich selbst, über Ihre aktuelle Befindlichkeit, Ihre wunden Punkte und Ihre Stärken Bescheid wissen, desto besser ist das für Ihr persönliches Wohlbefinden und Wachstum. Denn dann wissen Sie ziemlich genau, was Sie brauchen, was Ihnen guttut und wie Sie eventuell an bestimmten Punkten Ihres Lebens weiterkommen können.

Aber auch für Ihre Partnerschaft ist es von essenzieller Bedeutung, dass Sie sich Ihrer selbst bewusst sind. Denn die Grundlage jeder lebendigen und dauerhaft gelingenden Partnerschaft sind zwei Persönlichkeiten, die zum einen ein gewisses Maß an Autonomie und Differenzierung erreicht haben und zum anderen in der Lage sind, den anderen als anderen und nicht nur als Teil ihrer selbst wahrzunehmen.

Wenn Sie also Interesse an einer tiefgehenden Partnerschaft haben, die noch ein paar Jahre halten soll, sollten Sie unbedingt bereit sein, an sich selbst und an Ihrer ganz persönlichen Weiterentwicklung zu arbeiten Und zwar ganz unabhängig von Ihrem Partner oder Ihrer Partnerin.

Doch zunächst wenden wir uns im nächsten Kapitel erst einmal der schönen Frage zu, was Sie als Paar schon alles miteinander gemeistert haben.

2. Endlich ernten!
Was Sie schon alles gemeinsam geschafft haben und warum Sie darauf stolz sein sollten

Leben Sie schon seit mehreren Jahren mit demselben Partner / derselben Partnerin zusammen? Sind Sie vielleicht sogar verheiratet? Und Sie lieben sich womöglich auch noch irgendwie?

Na so was! Das ist wahrlich keine Selbstverständlichkeit in unserer schnelllebigen Zeit. Immerhin wurden laut Statistischem Bundesamt im Jahr 2011 fast 188.000 Ehen geschieden. Die Scheidungsquote liegt bei uns in Deutschland seit geraumer Zeit relativ konstant bei 39 %.[8]

Über Ehen, die zwar auf dem Papier noch bestehen, aber von den Beteiligten innerlich bereits für beendet erklärt wurden, sagt uns die Statistik nichts. Und überhaupt: Was hilft schon die Statistik? Über die Beweggründe, warum sich Ehepaare trennen, verrät sie leider auch nichts. Auch nicht darüber, wie es um nicht langjährige, unverheiratete Paare steht. Erfahrungsgemäß trennen sich unverheiratete Paare aber früher und häufiger, was möglicherweise daran liegt, dass dies unkomplizierter vonstattengeht als eine Scheidung, für die es doch einige bürokratische Hürden zu überwinden gilt. Vielleicht ist eine verbriefte Scheidung auch immer noch eine Art Makel. Sicherlich hat es aber damit zu tun, dass verheiratete Paare häufiger Kinder haben. Aus »Rücksicht« auf die Kinder zögern Elternpaare dann eine Trennung hinaus oder ziehen sie erst gar nicht in Betracht.

Gemeinsame Kinder stellen ein besonders stark verbindendes Element dar, so dass man getrost davon ausgehen kann, dass sich Elternpaare auch aus emotionalen Gründen und Verantwortungsbewusstsein schwerer tun, sich voneinander loszusagen. Auch wenn es mittlerweile kein Tabu mehr ist, geschieden und alleinerziehend zu sein, gehen Eltern mit dieser schwerwiegenden Entscheidung keineswegs locker um. Nicht nur, dass ihr Traum vom harmonischen Familienleben geplatzt ist: Es kommt zu dem jeweiligen Leidensdruck dann gleich noch das schlechte Gewissen hinzu, dem Kind die heile Familie wegzunehmen oder es psychisch womöglich dauerhaft zu schädigen. Eine Nachlässigkeit oder Leichtfertigkeit, die getrennten Elternpaaren mitunter nachgesagt wird, konnte ich weder in meinem persönlichen Umfeld noch in meinem Beratungskontext jemals feststellen.

Aber Sie haben schon viele Jahre lang aus Liebe und Überzeugung durchgehalten? Herzlichen Glückwunsch! Sie können stolz auf sich ein. Oder meinen Sie etwa, es sei einfach nur Zufall oder Glück, dass Sie schon so lange miteinander leben, und es sei gar nicht Ihr Verdienst? Aber natürlich ist es Ihr Verdienst! Und das Verdienst Ihres Partners / Ihrer Partnerin. Denn Sie beide haben sehr viel dazu beigetragen, dass Sie ein gemeinsames Leben aufgebaut und aufrechterhalten haben. Nur vergessen wir das manchmal und würdigen unsere Leistung nicht ausreichend.

Bereuen Sie es aber vielleicht auch manchmal? Fragen Sie sich manchmal, wie es hätte anders sein können? Oder schwanken Sie zwischen Stolz auf das Erreichte und Zweifel daran, ob alles noch hätte besser sein können? Nun, willkommen im Club! Machen Sie sich darüber keine Sorgen, lassen Sie die Zweifel und Fragen zu. Denn diese sind in der jetzigen Lebensphase nicht nur normal, sondern auch durchaus sinnvoll. Denn erst diese kritischen Fragen machen uns darauf aufmerksam, dass wir für einen weiteren gemeinsamen Weg neue Prioritäten setzen müssen. Dass wir unsere Beziehung nochmals neu justieren sollten. Und nochmals genau prüfen, ob wir unsere wertvolle Lebenszeit tatsächlich mit diesem Menschen verbringen wollen, den wir vor vielen Jahren mal für den Richtigen hielten. Nun muss wohlwollend, aber auch kritisch geprüft werden: Ist er für die kommende Lebensphase denn auch noch der Richtige? War er als Versorger und Vater wichtig, ist aber als Partner mittlerweile eher uninteressant? Und ist sie als Mutter großartig gewesen, aber als Frau doch eher langweilig geworden? Und wenn das so ist, könnte man das wieder ändern? Schließlich werden wir auch immer älter, und es liegen immerhin noch ca. 30 Lebensjahre vor uns! Eine Menge Lebenszeit, die doch sinnvoll gestaltet werden will.

Auf jeden Fall müssen neue gemeinsame Ziele, neue Träume her. Zumindest für all diejenigen, die keine Lust haben, den Rest ihres Lebens im langweiligen Trott gleichgültig oder gar frustriert nebeneinanderher zu leben.

Warum Zweifel an der Partnerschaft in der Lebensmitte normal sind

Wenn Sie also die bereichernde, aber auch anstrengende Phase des Familienlebens mit Kindern jahrelang gemeinsam gemeistert haben, hat Sie das als Paar wahrscheinlich stark zusammengeschweißt. Bislang war es also wichtig, den komplexen und anstrengenden Familienalltag zu bewältigen: Arbeitsteilung und Haushaltsführung, Gelderwerb und Kindererziehung – all das ist vielleicht nicht immer konfliktfrei abgegangen, hat aber doch viel Zeit und Energie in Anspruch genommen und ein starkes Wir-Gefühl entstehen lassen. Sie haben sicher schon so manche Krise gemeistert und Probleme zusammen gelöst, Durststrecken über- und Ängste ausgestanden, Freude und Glück miteinander geteilt und zusammen Stolz auf das bisher Erreichte empfunden. Das bindet stark aneinander und sorgt für eine gewisse Form von Nähe und Verbindlichkeit: Es ist so etwas wie eine stabile Paar-Identität entstanden.

Und jetzt? Wie wird sich Ihre Paar-Identität weiterhin ausgestalten, wenn sie sich nicht mehr in erster Linie auf den Erhalt der Familie stützt? Wenn die Kinder erwachsen werden und dadurch mehr Freiraum gewonnen wird, steht die Beziehung mehr oder weniger auf dem Prüfstand. Die Kinder brauchen uns nicht mehr ständig, die Partner sind folglich mehr auf sich selbst als Einzelpersonen und auf sich als Paar zurückgeworfen. Das wirft Fragen auf, fühlt sich vielleicht einsam an und stellt uns vor neue Herausforderungen. Nun zeigt sich, was die Partner mit dieser frei gewordenen Zeit, aber vor allem: was sie mit sich selber anfangen wollen.

Statt endlich die Früchte zu ernten, die man einst gemeinsam gesät hat, kommen nun oft Grübeleien auf: Will ich diesen Mann/diese Frau auch dann noch, wenn die meiste Familienarbeit erledigt ist? Es gibt ja schließlich keine zwingenden Gründe mehr, zusammenzubleiben!

Haben wir uns noch viel zu sagen? Hält uns mehr als nur die Gewohnheit zusammen? Was reizt uns am anderen, was wollen wir aneinander noch entdecken?

Oder bin ich innerlich ganz woanders, träume ich heimlich schon längst von einem Neuanfang mit einem anderen Mann bzw. einer anderen Frau? Oder von erotischen Abenteuern der besonderen Art? Habe ich mich emotional schon resigniert zurückgezogen und will ihn/sie eigentlich gar nicht mehr an mich heranlassen? Was nervt mich an meinem Partner? Fühle ich mich manchmal sogar abgestoßen oder angeekelt?

Gibt es etwas in der Partnerschaft, das mich immer wieder oder dauerhaft wütend macht?

Natürlich ist es nicht unbedingt angenehm, sich mit diesen Themen auseinanderzusetzen. Im Gegenteil: Manchmal macht das sogar regelrecht Angst: Muss ich jetzt bereuen, mein halbes Leben mit diesem Menschen geteilt zu haben? Kommt meine Partnerschaft bei dieser Bilanzierung so schlecht weg, dass mich das große Heulen überfällt? Konnten die Kinder bislang vielleicht noch die Löcher stopfen, die man nicht spüren wollte, so wird nun einfach zwangsläufig deutlich, was alles brachliegt.

Und muss ich mich vielleicht auch mal selbstkritisch fragen, ob ich mein Bestes gegeben habe, um die Partnerschaft zu pflegen und lebendig zu halten? Welche Blockaden und Ängste meinerseits haben vielleicht bisher Nähe und Wachstum manchmal verhindert?

Und weil diese Fragen so bohrend in die Tiefe gehen (und manchmal eben auch an die Substanz), sitzen manche Paare diese Krise stoisch aus. Sie ersticken grundsätzliche Fragen im Keim, lassen die aufkommenden Gefühle von Leere und Verunsicherung nicht zu, machen einfach weiter wie bisher, ohne irgendetwas in Frage zu stellen. Sie übertünchen Ängste oder betäuben sie sogar mithilfe von Alkohol, Internet oder anderen Suchtmitteln. Das große Schweigen wird auch oft von Geplapper oder nervenden Streitereien gedeckt, man redet um den heißen Brei herum und vermeidet dabei konsequent, das Wesentliche anzusprechen. Dieses hartnäckige Aussitzen versteckt sich dann hinter der nach außen getragenen Haltung »Bei uns ist alles in Ordnung«.

Die Fassade nach außen zu wahren, ist für viele Paare sehr wichtig. Dabei wäre es doch für alle tröstlich und entlastend, wenn man über Schwierigkeiten in der Ehe auch mit anderen Menschen reden könnte, ohne sich dafür schämen zu müssen. Schließlich sind Konflikte und Probleme normal und gehören zum Leben dazu. Leider leiden heute Menschen sehr schnell unter dem Gefühl, unzulänglich zu sein, wenn in ihrem Leben oder der Partnerschaft nicht alles so läuft, wie sie sich das vorstellen. Für viele Paare in Beratung ist es sehr erleichternd, sich in den Sitzungen nicht (mehr) verstellen zu müssen und nicht als »kranke« oder unfähige Menschen behandelt, sondern als ganz normale Paare mit ganz normalen Problemen angesehen zu werden. Schon allein dadurch fällt häufig eine gewisse Grundspannung von dem Paar ab.

Nicht zuletzt wegen dieser oft noch sehr lange nach außen aufrechterhaltenen Pseudo-Idylle kommen viele Trennungen von Paaren für Freunde und Bekannte dann so überraschend. Wenn aber auch nach innen lange so getan wird, als sei alles in Ordnung, und die wichtigen Themen nicht angesprochen werden, führt das oft auch dazu, dass die Paare selber nicht genau wissen, was jetzt schiefgelaufen ist, an welcher Stelle sie vielleicht noch hätten einhaken und das Blatt hätten wenden können.

Zu einer Beratung kommen Paare meistens erst dann, wenn es ordentlich kracht oder die Krise sich schon massiv zugespitzt hat. Leider. Denn dann wird aus einer Paarberatung oft eine Trennungsberatung. Das müsste nicht sein, wenn Paare sich klarer darüber würden, dass sie ihre Partnerschaft zu pflegen haben. Und das heißt nicht, immer über jede Kleinigkeit diskutieren zu müssen. Manchmal ist es tatsächlich auch sehr hilfreich, über kleinere Macken des anderen großzügig hinwegzusehen. Wenn jedoch bestimmte Themen immer wieder hochkochen oder die Wut auf den anderen zunimmt, sollte man sich hinsetzen und nach den tiefer liegenden Ursachen forschen. Dass der Partner die Zahnpastatube nicht zuschraubt, seine Schuhe im Weg herumstehen lässt oder die Partnerin immer die Fernbedienung »versteckt«, sind ja schließlich keine Neuigkeiten. Warum regt es uns also jetzt plötzlich auf? Was ist passiert, dass sich mein Blick auf den geliebten Menschen so verändert hat? Was ist möglicherweise ungeklärt? Und was sind unsere tieferen Themen? Diese Fragen sollten spätestens jetzt angesehen werden, wenn man sich überlegt, miteinander alt werden zu wollen.

Andere Paare in der Lebensmitte fahren da eine etwas differenziertere Strategie als die harmoniebedächtigen »Nichthingucker«: Sie streiten sich zwar fortlaufend über diverse Kleinigkeiten, sind latent genervt voneinander und insofern permanent miteinander beschäftigt, dringen dabei aber nie zu den wirklich brisanten Themen durch. Die Konflikthaftigkeit macht dann zwar einerseits auf vorhandene Probleme aufmerksam, lenkt aber gleichermaßen von ihnen ab. Sind wir möglicherweise auf irgendeine Weise miteinander verstrickt? Und wie könnten wir diese Verstrickungen lockern oder lösen, um wieder einen guten Draht zueinander zu finden?

In vielen langjährigen Partnerschaften versucht immerhin ein Partner, Veränderungen innerhalb der Beziehung zu erwirken, und stößt dabei auf den offenen oder versteckten Widerstand des anderen. Sie ahnen es schon: Es sind sehr häufig die Frauen, die sich nun aus der Rolle der »ewig anwesenden« Mutter und Ehefrau emanzipieren und ihr Leben neu gestalten wollen. Die es nochmal wissen wollen. Wenn der männliche Partner hier nicht mitzieht, kann dieses Unterfangen für die Frau extrem anstrengend, unbefriedigend und enervierend werden. Wenn Männer dann nicht irgendwann doch ihren bewussten oder unbewussten Widerstand aufgeben, laufen sie schlichtweg Gefahr, von ihren entwicklungsbereiten Partnerinnen verlassen zu werden. Wenn sie ihren Hintern eben nicht hochkriegen, werden sie dann im wahrsten Sinne des Wortes sitzen gelassen.

In der Krise in der Lebensmitte steigt erfahrungsgemäß auch die Gefahr, dass einer von beiden aus der Zweierbeziehung ausbricht, sich eine/n Geliebte/n sucht oder auf andere Weise das gewohnte System massiv durcheinanderbringt. Oft passiert das dann für den anderen Partner völlig überraschend: Das ist manchmal ein deutliches Zeichen dafür, dass im Vorfeld bestimmte Themen ausgeblendet wurden und Bedürfnisse und Probleme nicht rechtzeitig miteinander besprochen wurden. Eine außereheliche Liebesaffäre kann allerdings verschiedene Funktionen haben, wie wir in Kapitel 4 noch sehen werden.

Besonders bei bewussten und aufmerksamen Paaren kommt in dieser Lebensphase also vermehrte Unruhe in das gemeinsame Leben. Plötzlich werden Bilanzen gezogen, Vergangenes wird mal kritisch, mal vergnügt betrachtet. Sind beide Partner in gutem Kontakt miteinander, sind sie in der Lage, die Komplexität der Situation zu erfassen und auch auszuhalten: Dann dominieren manchmal Stolz und Freude die Stimmung, manchmal Trauer und Tränen, manchmal gibt es freilich auch Vorwürfe und Streitereien.

Und es steht womöglich ein großes Fragezeichen im Raum: Was verbindet uns und was trennt uns voneinander? Wollen wir weiterhin zusammenbleiben? Und wenn ja: Wie wollen wir das gestalten? Was ist uns jetzt wichtig? Haben wir noch gemeinsame Wünsche und Träume? Und wer braucht jetzt was?

Was heißt schon »Liebe«? Über Lebendigkeit. Und warum es ein Märchen ist, dass langjährige Partner sich nichts mehr zu sagen hätten

Am Anfang unserer Liebe haben wir den anderen idealisiert. Unser Blick war verklärt, und wir sahen in erster Linie die positiven Seiten. Mit der Zeit dann lernte man den anderen besser kennen. Und dann auch dessen Macken, Ecken und Kanten. Diese liebevoll in unser Bild von unserem Partner / unserer Partnerin einzufügen, war vielleicht nicht immer so leicht. Und doch war es wichtig, um unsere Verliebtheit in die gelebte Liebe zu überführen, die dann die tragfähige Basis unserer Ehe oder Partnerschaft wurde.

Und natürlich: Was am Anfang, in der ersten Phase der Verliebtheit, vielleicht wie von selbst lief, läuft nach ein paar Jahren nicht mehr in der gleichen Selbstverständlichkeit ab. Anfangs nahm man sich viel Zeit füreinander, redete ständig, war neugierig aufeinander, zärtlich und aufmerksam. Mit den Jahren wird aber auch das interessanteste Detail des anderen ein wenig uninteressanter; ein gewisses Maß an Gewöhnung tritt ein. Das ist normal, muss aber nicht zwangsläufig zu Langeweile in der Partnerschaft führen.

Paartherapeuten sind sich nahezu einig darüber, dass eine Partnerschaft nicht deshalb öde und trostlos wird, weil die Partner sich einfach nur aneinander gewöhnt haben. Sondern weil sie sich gegenseitig nichts mehr abverlangen, sie sich in ihrem persönlichen Wachstum nicht mehr fördern. So schreibt der Psychotherapeut Jürg Willi in seinem Klassiker *Ko-Evolution:* »Ich glaube nicht, dass eine Lebensgemeinschaft langweilig wird, weil zwei Partner sich zu sehr aneinander gewöhnt haben und einander nichts mehr zu sagen haben. In den allermeisten Fällen haben sie sich nichts mehr zu sagen, weil sie sich nichts mehr sagen dürfen. Kritik, auf die mit persönlicher Gekränktheit und Gegenverletzung überschießend reagiert wird, unterbleibt. Damit wird aber dem gemeinsamen Prozess die Kraft entzogen. Eine Beziehung wird langweilig, weil beide Partner voreinander resignieren und einander nichts mehr abfordern.«[9]

Interessanterweise sind es ja oft genau die Eigenschaften, die wir am anderen in der ersten Zeit so geliebt haben, die uns nach ein paar Jahren zu schaffen machen. Fanden wir anfangs die Spontaneität des Partners so anziehend und belebend, wird diese nach einer Weile des Zusammenlebens vielleicht als Unruhe und Wankelmütigkeit erlebt und geht uns unglaublich auf die Nerven. Schätzte jemand an der Geliebten in der ersten Zeit besonders deren Fähigkeit zur nüchternen Planung, so fühlt sich der Partner nach einiger Zeit davon vielleicht eingeengt oder bevormundet. Diese Reaktionen haben viel mit unseren eigenen abgespaltenen oder unterentwickelten Eigenschaften zu tun (siehe Kapitel 5).

Hinzu kommt, dass bei manchen langjährigen Paaren auch im Bett Flaute angesagt ist – oder höchstens noch ein laues Lüftchen weht. Ist das wirklich eine tragfähige Basis für ein weiteres Leben zu zweit? Oder wird Sex nicht sowieso einfach völlig überbewertet, wie es neueste Studien behaupten?

Viele langjährige Paare finden sich auch recht fraglos damit ab, dass die gegenseitige sexuelle Anziehungskraft nachlässt und sich eine gewisse erotische Ernüchterung breitmacht. So wie der grantige Arnold in der wunderbaren Komödie *Wie beim ersten Mal*, der – gespielt von Tommy Lee Jones – angesichts einer von seiner Ehefrau eingeforderten sexuellen Beziehung immer wieder resigniert betont: »Wir sind nicht mehr 22!« Ehefrau Kay weiß das natürlich – und lässt trotzdem nicht locker. Sie will wieder eine »richtige Ehe«, sehnt sich nach Zärtlichkeit und Intimität. Ihrer Hartnäckigkeit ist es dann zu verdanken, dass die beiden doch zusammen auf der berühmten Couch landen und zum Vergnügen des Publikums die ein oder andere amüsante Paar-Übung zur Belebung ihres Intimlebens machen. Wenn die Art der Therapie doch sehr verkürzt und oberflächlich dargestellt ist, so ist der Film doch ein heiteres und sehenswertes Kinoerlebnis für alle, die sich mit dem Thema »Liebe im Alter« mal auf fröhliche Weise beschäftigen wollen.

Nicht, dass Sie mich falsch verstehen: Man muss nicht auf Biegen und Brechen versuchen, sozusagen künstlich den Zustand der Verliebtheit aufrechtzuerhalten. Das wäre ja furchtbar. Wir hätten keinen klaren Kopf mehr für unseren Job und würden unsere Kinder und Freunde vernachlässigen. Wir wären in einem an Verwirrung grenzenden Ausnahmezustand gefangen. Wer will das schon?

Im Übrigen würden wir unserem Partner ja auch nicht gerecht, wenn wir ihn immerzu idealisieren würden, wie man das im ersten Liebesrausch so macht. Insofern ist es doch allemal beruhigend, dass die akute Verliebtheit, die unseren Körper sozusagen in dauerhaften Alarmzustand versetzt, auch irgendwann mal wieder nachlässt und wir wieder wir selbst werden. Und dann hoffentlich den Menschen, in den wir uns so Hals über Kopf verliebt haben, auch wirklich kennenlernen. Also: Kein Paar muss dauerverliebt sein, um ein glückliches Paar zu sein. Auch Nähe lässt sich nicht immer herstellen, und der Grad der gegenseitigen Anziehung und Zuwendung schwankt natürlicherweise.

Ich bin auch nicht der gleichen Ansicht wie die »Mutter Theresa der lebensabschnittspartnerschaftlichen Beziehungsarbeit« Evje van Dampen – eine wunderbare parodistische Kunstfigur Hape Kerkelings –, die dem belustigten Publikum immer wieder die Maxime um die Ohren schleudert: »Liebe ist Arbeit, Arbeit, Arbeit!«[10] Liebe ist natürlich nicht immer nur Arbeit. Aber manchmal eben schon. Denn wer auf Dauer nicht bereit ist, ein Minimum an Zeit und Energie in eine Partnerschaft zu stecken, wird bald merken, dass gegenseitige Achtung und die Neugier aufeinander verpuffen. Schon in seinem 1956 verfassten Klassiker *Die Kunst der Liebe* wies der Psychoanalytiker Erich Fromm darauf hin, dass man das Lieben erlernen muss, und zwar so, »wie wir das tun würden, wenn wir irgendeine andere Kunst, zum Beispiel Musik, Malerei das Tischlerhandwerk oder die Kunst der Medizin oder der Technik lernen wollten.«[11]

Was meint er damit? Er meint damit, dass Liebe kein Gefühl ist, auf dem man sich gemütlich ausruhen kann. Liebe ist genau genommen überhaupt kein Gefühl, sondern eine aktive Haltung, die ich jemandem entgegenbringe: »Liebe ist eine Aktivität und kein passiver Affekt. Sie ist etwas, das man in sich selbst entwickelt, nicht etwas, dem man verfällt.«[12] Liebe ist also in erster Linie eher ein »Geben« denn ein »Nehmen« oder »Empfangen«. Und was gibt der Liebende? Er gibt laut Fromm »etwas von sich selbst, vom Kostbarsten, was er besitzt, er gibt etwas von seinem Leben. Das bedeutet nicht unbedingt, dass er sein Leben für den anderen opfert – sondern dass er ihm etwas von dem gibt, was in ihm lebendig ist; er gibt ihm von seiner Freude, von seinem Interesse, von seinem Verständnis, von seinem Wissen, von seinem Humor, von seiner Traurigkeit – von allem, was in ihm lebendig ist. Indem er dem anderen auf diese Weise etwas von seinem Leben abgibt, bereichert er ihn, steigert er beim anderen das Gefühl des Lebendigseins und verstärkt damit dieses Gefühl des Lebendigseins auch in sich selbst.«[13] Wenn aber diese Bereitschaft schwindet, dem anderen etwas von seiner eigenen Lebendigkeit abzugeben, wer auch nicht willens und in der Lage ist, sich selbst und seine Verhaltensweisen gelegentlich zu hinterfragen und an sich zu arbeiten, der erstickt die Lebendigkeit der Liebe und damit die Liebe selbst.

Ein hilfreiches Kriterium für eine gelungene Partnerschaft ist also nicht etwa die Abwesenheit von Streit oder Konflikten, sondern der Grad der Lebendigkeit, der in ihr herrscht. Und Lebendigkeit kann nur entstehen und erhalten bleiben, wenn jeder bereit ist, etwas von sich und seinem Inneren zu zeigen.

Die Kunst der Würdigung: 10 Übungen zur Wertschätzung Ihrer Partnerschaft

Bei der Bilanzierung kommen manchmal Gefühle wie Trauer oder Ärger hoch, etwa wenn sich ein Partner in Nachhinein dauerhaft vernachlässigt fühlt oder das Gefühl hat, zu viel investiert und zu wenig zurückbekommen zu haben. Manchmal entsteht auch ein gewisser Nachholbedarf. Das könnte sich (wenn es denn ausgesprochen würde) etwa so anhören: »Ich war immer für dich da und habe sehr oft zurückgesteckt. Jetzt bin *ich* endlich an der Reihe. Jetzt mache ich endlich, wozu *ich* Lust habe!« Oder: »Ich habe dir zuliebe auf viele erotische Abenteuer verzichtet. Jetzt will ich es noch einmal wissen, ob ich attraktiv bin.« Oder: »Ich habe mir viel Mühe gegeben, dich zu verstehen und deine ständigen Beleidigungen wegzustecken. Aber dazu habe ich jetzt keine Kraft und keine Lust mehr. Ich gehe!«

Was also häufig und sehr deutlich wahrgenommen wird, sind die (vermeintlichen?) aktuellen Defizite in der Partnerschaft: Zu wenig gemeinsam gestaltete Zeit, mangelnder oder unbefriedigender Sex oder leidige Dauernervereien: Die Probleme scheinen das bisher gemeinsam gelebte Leben und die bereits erfolgreich bearbeiteten Konflikte oft zu überschatten.

Wenn wir aber dazu neigen, unser Leben und unsere Beziehung hauptsächlich unter dem Gesichtspunkt zu betrachten, was alles schiefläuft, was nicht ausreichend gut funktioniert oder einfach nicht ständig beglückend ist, dann verlieren wir langfristig das aus dem Blick, was uns verbindet und was wir miteinander aufgebaut haben. Da hilft nur, sich ganz bewusst mal anzuschauen, was in der Paar-Vergangenheit bisher alles gut, schön und richtig war. Denn natürlich haben erfahrene Paare in ihrer gemeinsamen Geschichte schon sehr vieles »richtig« gemacht – »richtig« in dem Sinne, dass sie durch ihr Verhalten die Partnerschaft stabilisiert haben. Über solche stabilisierenden Maßnahmen sind sich Paare oft nicht im Klaren. Menschen leben nicht einfach nur irgendwie zusammen, sondern jeder trägt etwas dazu bei, damit dieses Zusammenleben gelingt – mal mehr, mal weniger. Wie also sorgen wir dafür, dass es uns als Paar noch gibt? Wer sorgt wie dafür, dass es uns gemeinsam gut geht?

Manchmal werden die Partner sich darüber in einer Paarberatung bewusst, die sie aufgrund einer akuten oder dauerhaften Krise aufsuchen. Hier werden sie ganz nach dem Prinzip des ressourcenorientierten Arbeitens zum Beispiel danach gefragt, wie sie denn frühere Krisen gemeistert haben. Die erstaunten Gesichter der Klienten sprechen eine deutliche Sprache: Sie müssen erst nachdenken, weil ihnen gar nicht klar ist, was sie alles schon im Sinne ihrer Liebe richtig und gut gemacht haben! Und viele Menschen sind sich auch nicht bewusst, wie sie genau gehandelt haben und was daran hilfreich war. Darüber in einen Austausch zu kommen, kann ungeheuer interessant und belebend sein. Deshalb ist die gelegentliche (oder besser noch: regelmäßige) Besinnung auf das, was gut gelaufen ist und was die Beziehung besonders auszeichnet, eine wichtige Ressource eines Paares – eine Kraftquelle, die die Partner gut gebrauchen können, um weitere schöne Jahre miteinander zu verbringen. Sie sollten diesen unglaublich wertvollen Schatz unbedingt heben und ihn ausführlich begutachten und wertschätzen.

> *Anmerkung:* Sollten Sie Schwierigkeiten haben oder massive Widerstände entwickeln, sich auf das Positive zu besinnen, so kann das daran liegen, dass akute Konflikte, massive Kränkungen aus der Vergangenheit und anderweitige Irritationen vorliegen, die Ihren Blick auf das Schöne versperren. In diesem Fall lesen Sie zuerst Kapitel 4.

Würdigen Sie angemessen, was Sie schon alles geschafft haben

Nehmen Sie sich gelegentlich bewusst ein paar Stunden Zeit und sprechen Sie ausschließlich über das, was Ihnen als Paar schon alles gut gelungen ist. Oder schreiben Sie es auf. Sie können sich auch gegenseitig einen Brief schreiben, wenn Sie dazu mehr Lust haben. Wichtig ist, dass Sie möglichst konkret mündlich oder schriftlich einige dieser Fragen beantworten:

- Welche Beziehungskrisen haben wir gemeistert?
- Welche Missverständnisse haben wir geklärt?
- Was ist uns in der Kindererziehung besonders gut gelungen?
- Welche Probleme haben wir schon gemeinsam gelöst?
- Welche Durststrecken haben wir überstanden?
- Welche Verhaltens- und Beziehungsmuster haben wir schon positiv verändert?
- Welche Krankheiten haben wir gemeinsam durchgestanden? Wer hat hier wen wie unterstützt? Was war besonders hilfreich daran?
- Worauf sind wir als Paar besonders stolz?

Genießen Sie diese Erfolge und lassen Sie sich von ihnen berühren. Lassen Sie einen Sekt springen oder feiern Sie diese schönen Erkenntnisse anderweitig angemessen. Schwelgen Sie ruhig in Erinnerungen und im Stolz auf sich selbst! Viel zu selten machen wir uns klar, was wir alles schon miteinander geschafft und gemeinsam erreicht haben, obwohl das eine der wichtigsten Ressourcen und Kraftquellen für unsere Partnerschaft ist.

Wer sind wir und was macht uns aus? Lernen Sie den »Spirit« Ihrer Partnerschaft kennen

Eine weitere schöne Aufgabe ist, sich mit Ihrem Partner, Ihrer Partnerin gemeinsam zu überlegen, was Sie als Paar eigentlich auszeichnet: Was macht Sie als Paar einfach unverwechselbar? Hierfür können Sie folgende Fragen als Anregungen für ein Gespräch nutzen:
• Was macht uns als Paar einzigartig?
• Was sind unsere Besonderheiten (Humor, gemeinsame Hobbys, Vorlieben …)?
• Was unterscheidet unsere Ehe/Partnerschaft von der unserer Eltern?
• Was verbindet uns besonders (außer den Kindern)? (Das könnte sein: ähnliche Wertvorstellungen, Interessen, Religion und Spiritualität …)
• Wie sieht unsere Geheimsprache, unser ganz spezieller »Paar-Code« aus? Welche besonderen Gesten, Zeichen und Begriffe sind für uns als Paar bedeutsam?
• Was sagen Freunde, unsere Kinder und Bekannte Positives über uns als Paar? Bzw. was würden sie sagen, wenn man sie fragte?

Liebe ist Entwicklungshilfe: Nehmen Sie wahr, wie Sie sich gegenseitig beim Wachsen geholfen haben

Ein Liebender besitzt interessanterweise die Fähigkeit, intuitiv etwas im Geliebten zu erkennen, was dort bislang eher verborgen vor sich hin schlummerte. Ein liebender Partner erspürt beim anderen also etwas, das dieser bei sich selbst noch nicht bewusst wahrgenommen hat. Das kann eine besondere Eigenschaft, ein Wesenszug oder eine Begabung sein. Wenn der eine Partner dem anderen diesen Wesenszug positiv spiegelt, also ihn als besonders liebenswertes Merkmal der Person erkennt und mitteilt, kann der

Betroffene dann diesen bei sich selber erkennen und als wichtigen Teil seiner selbst schätzen lernen. So liebt einer etwas aus dem anderen heraus. »Durch dich habe ich erst richtig erkannt, dass ich liebenswert/attraktiv/hilfreich/begabt ... bin.« So oder so ähnlich könnte dann die spätere Erkenntnis heißen.

Schauen Sie sich doch auch einmal an, was Sie bei sich gegenseitig »herauslieben« oder bereits »herausgeliebt« haben.

- Welche Eigenschaften, Potenziale und Charakterzüge habe ich bei meinem Partner »herausgeliebt«?
- Welche Potenziale konnte Ihr Partner/Ihre Partnerin entwickeln, weil Sie ihn/sie darauf aufmerksam gemacht haben?
- Fragen Sie ihn/sie, wenn Sie das selber nicht genau wissen.

Fragen Sie nun umgekehrt:

- Was hat mein Partner aus mir »herausgeliebt«?
- Welche Eigenschaften, Potenziale oder Charakterzüge haben Sie an sich selbst kennen- und schätzen gelernt, weil Ihr Partner das in Ihnen erspürt, gesehen und erkannt hat?
- Was bedeutet das für Ihr Leben? Was hat sich dadurch verändert? Sind Sie Ihrem Partner dankbar dafür, dass er Sie darauf aufmerksam gemacht hat?

Sichten Sie die Meilensteine! Wertschätzen Sie wichtige Stationen in Ihrer Beziehung

Jedes Paar durchlebt verschiedene Phasen, in denen es sich mit bestimmten Themen auseinandersetzen muss. Typische Themen sind etwa: Kennenlernphase; erstes Zusammenleben; Familienplanungsphase; Ankunft des ersten Kindes usw. Wenn Sie mögen, können Sie gemeinsam eine »Straße der Erinnerung« legen. Nehmen Sie dazu eine lange Schnur, die die Länge Ihrer Partnerschaft symbolisiert. Legen Sie diese auf den Boden. Beschriften Sie nun Karteikarten oder Papierbögen und legen Sie sie an der Schnur entlang. Schreiben Sie auf die Karteikarten Folgendes:

- Name der Phase (z.B. »Beginn der Beziehung«),
- Themen der Phase (z.B. »Vertrauen entwickeln, sich kennenlernen«),

- Mindestens drei Gefühle, die Sie mit dieser Phase verbinden (z. B. »Aufregung, Freude, Angst«).

Sie können diese Karteikarten unabhängig voneinander schreiben, denn Partner erleben die Phasen oft unterschiedlich. Sie können natürlich auch die Karten gemeinsam beschriften, wenn Sie sich vorher über die jeweiligen Punkte ausgetauscht haben. Schreiben Sie in diesem Fall aber die Gefühle beider Partner auf, da auch diese oft unterschiedlich sind.

Anmerkung: Bedenken Sie bitte, dass es normal ist, wenn Partner die gemeinsame Geschichte womöglich unterschiedlich erlebt haben. Das heißt nicht, dass einer von beiden etwas »Falsches« sieht oder fühlt. Es heißt einfach nur, dass Sie zwei unterschiedliche Personen mit unterschiedlichen Wahrnehmungen und Gefühlen sind, und das ist nicht nur normal, sondern eine sehr gute Voraussetzung für eine lebendige Partnerschaft – wenn man das denn als Bereicherung versteht und nicht als Bedrohung empfindet.

Wenn Sie die Karten an der Schnur entlanggelegt haben, lassen Sie diesen Anblick erst einmal auf sich wirken. Was berührt Sie besonders? Gibt es etwas, das Sie besonders froh macht? Was beeindruckt Sie an Ihrer einzigartigen Paar-Biografie?

Wenn diese Übung bei Ihnen alte Konflikte oder viel Traurigkeit hochspült, so versuchen Sie, diese vorerst auf eine Art »inneren Ablagestapel« zu packen. Alternativ könnte es ein virtuelles Schatzkästchen sein: In dieser Übung geht es darum, sich das Gelungene anzuschauen. Mit allem anderen können Sie sich später beschäftigen.

Gemeinsam und abschließend könnten Sie dann folgende Fragen besprechen:
- Welche Stationen unserer Beziehung haben uns besondere Fähigkeiten oder besonders viel Geduld abverlangt?
- Welche Phase hat uns nachhaltig positiv geprägt und verändert?
- Welche gemeinsamen Erfahrungen möchten wir auf keinen Fall missen?

Streiten kann jeder? Von wegen. Würdigen Sie Ihre Konfliktlösungskompetenz!

Suchen Sie sich einen kleineren, nicht allzu komplexen Paar-Konflikt aus der Vergangenheit heraus, den Sie Ihrer Ansicht nach ausreichend und konstruktiv miteinander geklärt haben.

Überlegen Sie nun:

* Was haben Sie dazu beigetragen, diesen Konflikt zu lösen? Wie haben Sie sich verhalten, um diesen Konflikt zu lösen? War das hilfreich? Was hat dieses Verhalten bei Ihrem Partner bewirkt?
* Und was hat mein Partner dazu beigetragen, den Konflikt zu lösen? Wie hat dieses Verhalten bei mir gewirkt? Was an seinem Verhalten, seinen Aussagen hat mir geholfen, den Konflikt beizulegen?

Je genauer Sie sich den Ablauf des Konflikts vor Augen halten können, desto besser! Es lohnt sich vielleicht sogar, die wichtigsten Stichworte aufzuschreiben.

Am besten rekonstruieren Sie die ausgewählte Situation gemeinsam mit Ihrem Partner, vielleicht bei Kerzenschein und einem Glas Rotwein. Legen Sie den Schwerpunkt Ihres Gesprächs bewusst ausschließlich auf das Gelungene, das Positive. Sagen Sie sich gegenseitig, was Ihnen am Verhalten des anderen gutgetan hat, z. B. was Ihnen geholfen hat, einzulenken und einen Streit beizulegen.

> *Anmerkung:* Es kann natürlich sein, dass für Ihren Partner / Ihre Partnerin etwas ganz anderes hilfreich war, als Sie dachten. Das kann sehr interessant sein. Wichtig ist, dass Sie erfahren, was genau Ihrem Partner gefallen und was ihm geholfen hat (und umgekehrt). So lernen Sie ihn und sich selbst noch ein bisschen besser kennen. Und Sie wissen dann auch besser, was Sie weiterhin Konstruktives tun können, um Konflikte zukünftig gut miteinander zu lösen.

Abschließend könnten Sie sich noch überlegen, ob diese Art der Konfliktbewältigung für Ihre Partnerschaft typisch ist oder ob sie eher eine Ausnahme war.

In einem weiteren, ausführlicheren Schritt könnten Sie sich dann darüber austauschen, was Sie am Konfliktverhalten des anderen ganz grundsätzlich schätzen. Etwa:

»Ich finde es sehr schön, dass du mir genau zuhörst und mir durch deine Fragen zeigst, dass du mich verstehen möchtest.«

Oder: »Ich weiß, dass ich manchmal sehr vehement werde. Ich bin dann in Nachhinein sehr erstaunt über deine Geduld.«

Oder: »Ich liebe es, dass du mich auch nach einem ungelösten Streit einfach in den Arm nehmen kannst.«

Auch hier gilt: Suchen Sie bewusst die positiven Aspekte heraus, auch wenn Ihnen dass vielleicht zunächst etwas künstlich vorkommen sollte. Viel zu selten machen wir uns klar, dass es bei allem, was natürlicherweise unvollkommen in unserer Partnerschaft ist, auch viele kleine gegenseitige liebevolle und hilfreiche Gesten gibt, die wir möglicherweise nicht ausreichend würdigen.

»Was ich an dir besonders mag …«: Besinnen Sie sich auf die liebenswerten Seiten Ihres Partners

Im Alltagstrubel geht uns manchmal die Aufmerksamkeit dafür verloren, was der Partner eigentlich doch für tolle Eigenschaften hat und was er alles für uns tut. Auch gewöhnt man sich mit der Zeit an seine positiven Charakterzüge, während die unangenehmen immer deutlicher wahrgenommen werden. So kann es recht erfrischend sein, sich mal wieder auf die positiven und angenehmen Seiten des Partners zu besinnen:

• Was schätze ich an meinem Partner/meiner Partnerin besonders?
• Was kann er/sie richtig gut?
• Was tut er/sie zu meinem, zu unserem Wohle?
• Welche seiner/ihrer Eigenschaften tun mir gut? Wie stärkt und unterstützt mich mein Partner/meine Partnerin?
• Was kann ich von ihm/ihr lernen, mir von ihr/ihm abgucken?
• Welche Fähigkeit bewundere ich an ihm/ihr?
• Was macht ihn/sie für mich absolut unverwechselbar und liebenswert?

Sagen Sie Ihrem Partner/Ihrer Partnerin diese Sätze am besten direkt. Wenn Ihnen das schwerfällt, schreiben Sie ihm/ihr diese vervollständigten Sätze auf:

- Ich schätze an dir besonders ...
- Du kannst ... richtig gut.
- Du kümmerst dich rührend um ...
- Mir tut gut, dass du ...
- Du unterstützt mich, indem du ...
- Ich bewundere an dir ...
- ....

Gehen Sie zurück auf Los: Schwelgen Sie in Erinnerungen

Erinnern Sie sich noch an Ihre erste gemeinsame Zeit? Wissen Sie noch, was Sie an Ihrem Partner reizvoll fanden und was für Sie besonders attraktiv war? Prima! Denn nichts sagt so viel über die Partnerschaft aus, wie die Art und Weise, auf die sie zustande kam. Denn die Partnerwahl ist weit mehr als bloßer Zufall oder einfach nur »Glückssache«. Denn in der Regel erfassen Verliebte intuitiv, was der andere dazu beitragen kann, bestimmte Lebensthemen »abzuarbeiten« (siehe Kapitel 5).

Es ist also mehr als nostalgischer Firlefanz, wenn sich Paare immer mal wieder vor Augen halten, wie sie sich begegnet sind und was sie dabei empfunden haben. Paare in Beratung oder Therapie blühen bei dieser Übung oft auf, weil alte, sehr intensive und vor allem positive Gefühle wiederbelebt werden – oft mit sehr heilsamen und erfrischenden Folgen.

Also, schwelgen Sie gemeinsam in Erinnerungen:

- Wie haben wir uns kennengelernt?
- Was hat uns aneinander fasziniert?
- Wie war unsere erste Begegnung?
- Wann hat es »gefunkt«?
- Wann ist mir mein Partner/meine Partnerin erstmals als attraktiver Mensch aufgefallen?
- Was genau hat mich berührt, begeistert, angesprochen?
- Welche Verheißung, welches unausgesprochene Versprechen ging von meinem Partner/meiner Partnerin aus? Was davon hat sich – zumindest teilweise – erfüllt?

Oft bemerken Paare ihre gemeinsame Entwicklung an veränderten Umgangs- und Kommunikationsformen, so wie Yvonne (50) es beschreibt:

»Ich habe früher meinem Mann oft Vorwürfe gemacht, wenn mich etwas verletzt hat, was er tat. Ich war schlecht in der Lage, meine Gefühle konkret zu benennen, für sie die Verantwortung zu übernehmen und sie in Form von ›Ich-Botschaften‹ zu vermitteln. Es war einfach leichter, ihm Vorhaltungen für vermeintlich falsches Verhalten zu machen, als zuzugeben, dass ich mich von ihm ignoriert oder gekränkt fühlte. Wir sind dann oft in Streit geraten, weil mein Mann sehr schnell in die Gegenoffensive gegangen ist. Das Ende vom Lied war dann fast immer, dass ich geweint habe und er wütend war. Und keiner von uns beiden hat sich verstanden gefühlt. Das hat sich nach ein paar Jahren verändert, weil ich es irgendwann besser schaffte, von mir selbst zu reden, und weniger Vorhaltungen machte. Er konnte dann besser zuhören, was ich ihm eigentlich mitteilen wollte und musste sich nicht mehr so aggressiv verteidigen. Wir haben viel über dieses Muster gesprochen und dabei festgestellt, dass es in unseren jeweiligen Herkunftsfamilien wurzelte: Meine Mutter hatte meinem Vater auch immer viele Vorwürfe gemacht, eine andere Art der Beziehungsgespräche hatte ich nie kennengelernt. Und mein Mann reagierte auf Vorwürfe so allergisch, weil er als Kind schon immer das Gefühl eingeimpft bekommen hatte, nicht gut genug zu sein, etwas falsch zu machen. Das hatte ihn schon damals immer sehr hilflos und wütend werden lassen. Ich löste durch meine undifferenzierten Vorwürfe sozusagen ganz schreckliche alte Gefühle bei ihm aus. Als wir beide dieses Muster endlich erkannt hatten, war das eine große Entlastung. Es hat aber viel Übung und Geduld gebraucht, das Muster zu verändern. Es war viel Arbeit, aber sie hat sich gelohnt. Immerhin haben wir nun viel mehr Verständnis füreinander und gehen milder miteinander um. Das hat uns einander näher gebracht und unser gegenseitiges Vertrauen gestärkt.«[14]

Verbalisierte Wertschätzung: Bedanken Sie sich bei Ihrem Partner / Ihrer Partnerin

Dankbarkeit und Demut sind womöglich etwas altmodische Begriffe. Doch wenn wir nicht in der Lage sind, gelegentlich Dankbarkeit und eine gewisse Demut zu empfinden, können wir kaum emotional erfassen, was für ein Glück uns in unserem Leben widerfahren ist. Wer beispielsweise eine schwere Krankheit überstanden hat, wird oft demütiger und kann das Leben bewusster genießen. Ebenso ist es mit der Dankbarkeit: Wer tiefe Dankbarkeit empfinden kann, ist sich klarer darüber, was ihm alles Gutes widerfahren ist. Überlegen Sie also gelegentlich:

- Wofür bin ich meinem Partner / meiner Partnerin aufrichtig dankbar?
- Wofür möchte ich mich bei ihm/ihr bedanken?

Fassen Sie diese Dankbarkeit in Worte. Sie können dies mündlich oder per Brief machen. Aber tun Sie es. Sich dem Partner gegenüber gelegentlich dankbar zu zeigen, ist Balsam für jede Beziehung.

Ritualisieren Sie die den »positiven Blick in die Vergangenheit«

Zur Stabilisierung und Bereicherung Ihrer Partnerschaft ist es sinnvoll, sich in einem regelmäßigen Abstand immer mal wieder dem Schönen zu widmen. Tauschen Sie sich dann einfach einmal in der

Woche (oder im Monat) ausschließlich über das aus, was gut war, was Ihnen gefallen hat, was Ihnen Spaß gemacht hat, etc. Ritualisieren Sie so Ihren Blick auf das Gute und Gelungene.

Ich bin keineswegs der Auffassung, dass man alles immer nur positiv sehen oder Problematisches verklären sollte. Ganz im Gegenteil: Ich bin sehr dafür, Störungen in der Beziehung anzusprechen und zu klären. Dennoch ist es ebenso wichtig, sich auch immer mal wieder bewusst auf das Positive zu besinnen und es auch zu benennen. Erstens prägt das unser Bewusstsein und findet ganz unmittelbar eine positive Resonanz in unserem Inneren; wir freuen uns oder sind sogar beglückt. Außerdem ist es für ein Paar sehr wichtig, im Austausch nicht nur das Problematische zu thematisieren. Oft reden Paare gar nicht miteinander oder man redet eben über Probleme. Dass das auf die Dauer ermüdend ist, liegt auf der Hand. Deshalb halte ich es für wichtig, den positiven Blick bewusst in den Paar-Alltag zu installieren.

Nachdem wir nun einen Blick auf alles geworfen haben, was positiv und wertvoll in unserer Partnerschaft war und ist, können wir den Blick nun erweitern und eine kleine Bestandsaufnahme Ihrer Partnerschaft wagen. Das nächste Kapitel liefert Ihnen hierfür eine Fülle von Übungen und Anregungen. Nun wird es richtig spannend!

3. Auf Entdeckungsreise
Warum eine Beziehungsinventur jetzt sinnvoll ist und wie Sie in 10 Schritten die Beschaffenheit Ihrer Partnerschaft erkunden

Nachdem wir zunächst ein wenig in der Vergangenheit geschwelgt und den Blick für das Gelungene in unserer Beziehung geschärft haben, wenden wir uns nun der vielleicht etwas heikleren aktuellen Lebenssituation zu. In der Lebensmitte ist man ohnehin geneigt, die Partnerschaft einer kritischen, manchmal sogar radikalen Prüfung zu unterziehen: Taugt sie was? Ist sie noch wichtig und bedeutsam für mich? Will ich sie überhaupt noch weiterführen, und wenn ja, unter welchen veränderten Bedingungen?

Es ist sinnvoll, sich immer mal wieder intensiv mit der Ehe bzw. der Partnerschaft zu beschäftigen. Besonders, wenn etwa die Kinder aus dem Haus sind oder die *midlife crisis* anklopft. Immerhin haben wir ja noch 30 bis 40 Lebensjahre vor uns, die es zu gestalten gilt! Jetzt ist es wichtig, die Weichen für den eigenen und auch für den gemeinsamen weiteren Weg zu stellen.

Es ist ohnehin verblüffend, wie viel Zeit, Geld und Energie Menschen etwa für die Versorgung ihrer Haustiere aufbringen und wie wenig ernsthaft sie sich im Vergleich dazu mit ihrer Partnerschaft beschäftigen. Geld auszugeben, um sich bei einer Beratung Unterstützung bei der eigenen Entwicklung zu holen, ist immer noch verpönt. Die meisten Paare machen das nur, wenn die Konflikte bereits destruktive Formen annehmen, wenn ein Partner »fremdgegangen« ist und sich die Paar-Krise dramatisch zuspitzt. Das ist schade, denn vielen Paaren wäre geholfen, wenn Sie sich rechtzeitig darum bemühen würden, den Partner besser zu kennen.

Viele Paare haben mit Dauerstreitereien zu tun oder sind durch einen gemeinsamen Grundkonflikt miteinander verstrickt. Oder sie sind heftig damit beschäftigt, latente Konflikte dauerhaft zu unterdrücken, und setzen damit jede Lebendigkeit und Leidenschaft ihrer Beziehung aufs Spiel. Denn sowohl Lebendigkeit als auch Leidenschaft speisen sich zu einem großen Teil aus den Unterschieden, die wir als Individuen mitbringen. Finden wir nicht am Anfang am anderen besonders oft genau das anziehend, was wir selber nicht haben, nicht können bzw. nicht

»sind«? Doch irgendwann hören viele Paare auf, das als Chance zur Weiterentwicklung zu betrachten, und finden es eher störend, wenn der Partner oder die Partnerin andere Ansichten und Vorlieben hat und anders empfindet. Aber wir können nur von- und miteinander lernen und uns weiterentwickeln, wenn wir diese Unterschiede nicht nur akzeptieren, sondern sie sogar noch befördern. Je differenzierter wir selber sind, desto lebendiger und intimer kann dann auch unsere Partnerschaft werden.

Wir können auch an unserer Partnerschaft nur dann etwas verändern, wenn wir ihre ganz besondere Beschaffenheit kennen, wenn wir um unsere Beziehungsmuster und »Problemzonen« wissen. Viele unbearbeitete Konflikte laufen aber jenseits unseres Bewusstseins ab und können daher weder angesprochen noch gelöst werden. Es kann also nicht schaden, sich mal die folgenden interessanten Fragen zu stellen und sich bestimmte Themen damit (wieder) ins Bewusstsein zu holen:

* Wie sind wir miteinander im Kontakt?
* Wie steht es um unser Liebesleben?
* Was sind unsere aktuellen Themen?
* Wie sehen unsere aktuellen Beziehungsmuster aus?
* Was gefällt mir in meiner Partnerschaft, was weniger? Was sollte verändert werden, damit ich weiterhin mit ihm/ihr mein Leben »teilen« möchte?

Die Antworten auf all diese Fragen – die bei allen Paaren sehr unterschiedlich ausfallen werden! – können Sie mithilfe dieses Kapitels ganz individuell herausfinden. Dazu gehört neben einer gesunden Portion Neugier natürlich auch ein bisschen Mut. Doch nur wer sich traut, auch die neuralgischen Punkte zu berühren, kann etwas dazulernen. Trauen Sie sich! Liebe ist nicht nur Friede, Freude, Eierkuchen, eitel Sonnenschein und wunderbare Harmonie. Liebe ist vielschichtig. Liebe ist etwas für erwachsene, reife Menschen. Für Leute, die sich trauen, sich ernsthaft aufeinander einzulassen, auf die Gefahr hin, sich verwundbar zu machen und verletzt zu werden. Liebe ist einfach nichts für Feiglinge!

Also: Ran an die Beziehungsinventur! Begutachten Sie genau die partnerschaftlichen Bestände! Wo ist Fülle, wo Leere? Was ist im Überfluss vorhanden, woran mangelt es? Kann ich mit diesem Mangel gut leben oder wünsche ich mir hier Veränderung? Seien Sie bei diesen Überlegungen freundlich, aber auch ehrlich mit sich – und mit Ihrem Partner, wenn dieser denn auch Lust hat, sich damit zu befassen.

Sie können diese Fragen sowohl allein als auch mit Ihrem Partner/ Ihrer Partnerin zusammen beantworten. Je offener Sie dabei miteinander sind, desto besser ist das. Scheuen Sie sich auch nicht, dem anderen etwas zu sagen, was ihn möglicherweise wundern oder irritieren könnte. Sich gegenseitig allzu sehr zu schonen, fördert nur gegenseitige Unkenntnis. Davon profitiert letztlich niemand.

Nicht, dass Sie mich falsch verstehen: Ich will damit nicht sagen, dass man keine Geheimnisse voreinander haben dürfte oder ständig miteinander über alles diskutieren sollte. Dennoch ist eine gewisse freundliche Direktheit und Offenheit mitunter wichtig. Falsche Rücksichtnahme und daraus resultierende Unehrlichkeiten führen auf Dauer oft eher zu innerer Entfremdung denn zu mehr Kontakt.

Anmerkung: Lassen Sie sich für die Beantwortung dieser vielen Fragen viel Zeit. Wenn Sie ernsthaft mit diesen Anregungen arbeiten wollen, kann sich das über einen längeren Zeitraum hinziehen. Haben Sie Geduld mit sich, und wenn Sie nicht gleich eine Antwort finden, macht das gar nichts. Alles, was Ihnen wichtig ist, wird sich irgendwie als Thema in Ihrem Kopf oder Herzen festsetzen und Sie beschäftigen. Gehen Sie in Ihrem ganz eigenen Tempo vor.

Bearbeiten Sie die Aufgaben häppchenweise nach Lust und Laune, und überfordern Sie sich und Ihren Partner nicht. Sie werden sehen, wie komplex dieses Themenfeld ist, und es lohnt sich, bestimmte Fragen besonders gründlich zu bearbeiten. Überspringen Sie Fragen, die Sie für unwichtig halten, die Ihnen derzeit nicht auf der Seele brennen oder die in Ihnen keinerlei innere Resonanz auslösen. Sie können bei der Bearbeitung der Fragen gerne chronologisch vorgehen, aber sich auch einzelne Aspekte heraussuchen, die Sie spontan am meisten ansprechen.

Überlegen Sie aber auch: Welches Thema möchten Sie am liebsten gar nicht anschauen? Bei welchem Fragenpaket entwickeln Sie am meisten innere Widerstände? Auf welche Problemfelder haben Sie schlicht überhaupt keine Lust? Wo könnte dieser Widerwille herkommen?

Akzeptieren Sie diese Widerstände. Widerstände sind normal und gesund. Sie sind Schutzmechanismen der Seele. Seien Sie sich aber auch bewusst, dass sich gerade dort, wo die heftigsten Widerstände herrschen, die meisten potenziellen Erkenntnisquellen auftun könnten.

Exkurs: Was, wenn der Partner nicht mitzieht?

Es gibt bei Paaren oft einen Partner, der mehr an Veränderung und Entwicklung interessiert ist als der andere. Manchmal aus Leidensdruck, manchmal einfach, weil sich die Bedürfnisse verändert haben. Oft sind es die Frauen, die dann zum Zugpferd werden, weil sie vielleicht näher an ihren Gefühlen sind und sich auch oft für das Gelingen des Zusammenlebens zuständig fühlen. Wenn sie dann merken, dass der Mann nicht mitzieht und wenig bis gar kein Interesse an ihren Veränderungswünschen zeigt, kann das zu einem schweren Beziehungskonflikt werden und in einen Machtkampf ausarten. Je fordernder dann die Frau auf Auseinandersetzung drängt, desto mehr verweigert sich ihr Partner, weil er sich möglicherweise unter Druck gesetzt fühlt. In Paarberatungen hört man dann manchmal folgende fast Loriot-reifen Mann-Frau-Dialoge:

»Nun sag doch auch mal was, Schatz!« – »Was soll ich denn sagen?« – »Na, was du so denkst.« – »Worüber denn?« – »Na, über uns.« – »Aber du hast doch schon alles gesagt!« Der Therapeut / die Therapeutin hat dann in der Regel die Aufgabe, den Mann darauf aufmerksam zu machen, dass hier seine ganz persönliche Sichtweise gefragt ist – und vor allem, dass es wichtig ist, sie zu äußern, wenn er in Kontakt mit seiner Frau kommen möchte. Interessanterweise halten Familienväter und Ehemänner ihre eigenen Wünsche oft für wesentlich unwichtiger als die ihrer Ehefrauen. Viele haben schon als Jungen nicht richtig gelernt, ihre Bedürfnisse zu äußern, und im Job müssen Sie meistens auch alles Emotionale zurückhalten. Viele Männer (aber auch viele Frauen!) sind so zu Verdrängungskünstlern geworden, was viel mit Sozialisation, aber auch unserer Gesellschaft zu tun hat. Es ist kein Wunder, dass in einer hochleistungsorientierten Gesellschaft, in der man gut und reibungslos funktionieren muss, um Erfolg haben zu können, viele Menschen erst eine Burnout-Krise oder Depressionen bekommen müssen, um sich dann endlich einmal sozusagen legitimiert ihren Gefühlen, Bedürfnissen und inneren Nöten widmen zu dürfen. Ein bisschen rechtzeitige, regelmäßige und bewusste »Psycho-Pflege« könnte hier als Prophylaxe sehr hilfreich sein, ist aber leider immer noch recht unpopulär.

Oft sind es aber auch ganz normale Ängste und Widerstände, die Männer daran hindern, ihre Gefühle zu äußern oder sich auf einen Veränderungsprozess einzulassen. Die paartherapeutische Erfahrung zeigt aber, dass die meisten Männer nach kurzen Anlaufschwierigkeiten sehr wohl willens und in der Lage sind, über ihre Gefühle und Wünsche zu sprechen. Sie müssen es manchmal einfach etwas üben.

Für den treibenden Part in der Beziehung kann das ein schwieriger Grenzgang sein: Einerseits mit Verständnis und Geduld auf die Widerstände des Partners zu reagieren, andererseits ihm trotzdem etwas abzuverlangen, wie Offenheit und Einsatzbereitschaft – das kann auf die Dauer sehr anstrengend sein. Vor allem, wenn die eigenen Veränderungswünsche sehr dringlich sind und die innere Not groß ist.

Wenn sich ein Partner besonders hartnäckig und vehement gegen Veränderungs- und Entwicklungsbestrebungen wehrt, sollten »Voranpreschende« versuchen, sich auf sich selbst zu konzentrieren. Mit Zwang lässt sich selten etwas erreichen. Manchmal lassen sich die grantigsten »Psycho-Verächter« doch interessieren, wenn Sie das Gefühl haben, dass sie selber davon »profitieren«, dass die Partnerin an sich arbeitet. So wie z. B. Lutz (58) es erlebt hat:

»Die Prozesse, die meine Partnerin durch ihre eigene Therapie in unserer Ehe angeregt hat, haben uns einander viel näher gebracht. Ich habe sie dadurch besser kennengelernt und war dadurch motiviert, auch meine eigene seelische Beschaffenheit zu reflektieren.«

Es nutzt also nichts, vom anderen Veränderungen einzufordern, wenn man selber nicht bereit ist, an sich zu arbeiten. Tun Sie also etwas für sich, manchmal zieht der Partner dann später nach. Und wenn nicht, haben Sie wenigstens mehr über sich selbst und Ihre Ehe bzw. Partnerschaft gelernt.

Es lohnt sich jetzt auf jeden Fall ein genauerer Blick auf die derzeitige Paar-Situation: Wie »funktioniert« unsere Beziehung eigentlich? Wie gestalten wir unser gemeinsames Leben? Und vor allem: Was gefällt uns daran und was ist eine Rundumerneuerung wert? Wenn Sie Antworten auf diese Fragen finden wollen, könnten die folgenden Übungen für Sie hilfreich sein.

I. Ich, du und wir: Wie Verbundenheit entsteht

Partner tun in der Regel recht viel, um sich miteinander verbunden zu fühlen und um eine ganz individuelle Paar-Identität zu entwickeln. Dieses gemeinsame Gefühl der Verbundenheit bildet das

Fundament für das gemeinsame Leben und Handeln, und es gibt Sicherheit und liefert Sinn. Was also verbindet Sie miteinander?

- Welche Werte sind uns beiden *heute* besonders wichtig (z. B. Treue, Aufrichtigkeit, Fairness, Offenheit, Verbindlichkeit ...)?
- Leben wir diese Werte auch (meistens)?
- Welche unterschiedlichen Werte haben wir? Wie gehen wir damit um? Belastet das unsere Partnerschaft? Wenn ja, inwiefern?
- Was verbindet uns miteinander?
  - Welche gemeinsamen Interessen haben wir?
  - Welche Ängste, Sorgen und gemeinsame Aufgaben binden uns aneinander? Was würde passieren, wenn diese Ängste plötzlich wegfielen?
  - Spielen Krankheiten in unserer Partnerschaft eine wichtige verbindende Rolle? Wenn ja, welche?
- Welche Rolle spielen die (gemeinsamen) Kinder?
  - Was bedeuten uns die Kinder?
  - Was geben uns die Kinder?
  - Woran hindern sie uns?
  - Über welche »Kinderthemen« kriegen wir uns immer wieder in die Wolle?
  - Inwiefern belasten die Kinder unsere Partnerschaft?
- Gibt es äußeren Druck auf unsere Partnerschaft, der uns dazu zwingt, zusammenzubleiben (Konventionen, religiöse Vorschriften, finanzielle Abhängigkeiten oder Verbindlichkeiten etc.)? Wie geht es mir/uns damit?
- Hat ein Partner dem anderen gegenüber ausgeprägte Schuldgefühle? Wenn ja, wo kommen sie her? Reden Sie darüber?

Exkurs Schuldgefühle: Was uns aneinander bindet, muss nicht immer ausschließlich positiver Natur sein. Oft binden uns auch nicht gelöste Konflikte aneinander, ohne dass wir uns dessen bewusst sind. Manchmal spielen auch Schuldgefühle eine Rolle, die allerdings oft abgewehrt und nicht wahrgenommen werden, weil sie so unangenehm sind. Wenn Sie wirklich neugierig sind, kann die Suche nach Schuldgefühlen in der Partnerschaft hilfreich sein und interessante Erkenntnisse zutage fördern.

Bedenken Sie dabei, dass es sich um Schuld*gefühle* handelt, also nicht um Schuld an sich, sondern um das *Gefühl*, Schuld auf sich geladen zu haben. Das ist ein gewaltiger Unterschied: Schuldgefühle entstehen sehr oft, ohne dass jemand wirklich schuldig geworden ist. Sie beruhen häufig auf der Befürchtung, unzulänglich zu sein und den eigenen Ansprüchen bzw. den Ansprüchen des Partners, der Partnerin nicht gerecht werden zu können. In diesem Fall müsste man sich intensiv mit den eigenen Erwartungen und den Erwartungen des Partners auseinandersetzen, sich vielleicht sogar die Ansprüche anschauen, die in der Herkunftsfamilie gestellt wurden.

Also: Wer Schuldgefühle hat, hat nicht zwangsläufig auch Schuld. Und umgekehrt gilt: Wer keine Schuldgefühle hat, muss nicht zwangsläufig frei von Schuld sein.

Hier gilt es also genau hinzuschauen. Im Übrigen kann kein Mensch durch das Leben gehen, ohne irgendwann »schuldig« zu werden. Mit dieser Erkenntnis müssen wir leben und uns auch das verzeihen.

2. Mehr als immer nur dasselbe: Warum Routinen sinnvoll sind und (manche) Rituale sogar wertvoll

Es ist ein Märchen, dass alle Gewohnheiten von Paaren zwangsläufig zu Langeweile und Erstarrung führen und das gemeinsame Leben öde und vorhersehbar machen. Vielmehr sind sie durchaus ein wichtiger Teil der Paar-Identität, deren Einführung zumindest anfangs meistens aus irgendeinem Grund sinnvoll war. Gewohnheiten geben in gewisser Weise Sicherheit und sorgen dafür, dass wir nicht jeden Tag morgens aufs Neue über alles diskutieren müssen. Sie entlasten und stabilisieren. Und in der Regel tut dann nahezu jeder Partner das, was ihm aufgrund seiner Erziehung oder auch Interessen und Begabung vielleicht relativ leichtfällt.

So wie Sabine (48) berichtet:

»Ich habe Spaß daran, das Haus schön herzurichten, ich backe gerne und kümmere mich viel um die häusliche Gemütlichkeit. Mein Mann hingegen schraubt und bastelt gerne herum und ist folglich eher für das Handwerkliche zuständig. Außerdem kann er mir gut mit dem PC helfen. Ganz klassisch eben. Diese Rollenverteilung ist natürlich sehr konventionell, aber wir haben keine Probleme damit, weil wir uns damit wohlfühlen und uns ja auch gegenseitig damit etwas geben: Ich muss mich nicht mit kaputten Lampen oder Autos oder PC-Programmen herumschlagen, und er genießt es, ein schönes Heim vorzufinden.«

Manchmal allerdings leidet ein Partner unter gewissen Routinen und wünscht sich hier Veränderung, wird aber vom anderen dabei abgeblockt oder aus Bequemlichkeitsgründen nicht dabei unterstützt. Manchmal besteht auch nur ein diffuses Gefühl, etwas ändern zu wollen, ohne genau zu wissen, was. Denn Gewohnheiten zeichnen sich im Alltagsleben dadurch aus, dass sie oft unbewusst abgespult werden. Deshalb ist es wichtig, ab und zu mal einen Blick auf die lieben Paar- und Familiengewohnheiten zu werfen:

- Welche Routinen prägen Ihren Paar-Alltag? Zählen Sie mindestens fünf Gewohnheiten auf.
- Welche dieser Gewohnheiten gefallen Ihnen? Was genau gefällt Ihnen daran?
- Auf welche dieser Gewohnheiten würden Sie gerne verzichten, weil sie überholt sind und nicht mehr in Ihr derzeitiges Leben passen?
- Wie könnten Sie diese Gewohnheiten durchbrechen?

Ein Beispiel:

Erika (50) leidet seit einigen Wochen unter einem akuten Erschöpfungszustand. Sie hat seit einiger Zeit diverse Wechseljahresbeschwerden, fühlt sich abgeschlagen und mit Familie, Haushalt und Vollzeitjob komplett überlastet. Sie ist zudem diffus wütend auf ihre Familie, fühlt sich irgendwie im Stich gelassen und manchmal sogar ausgenutzt. Sie hat das Gefühl, dass sie immer viel für ihre Familie tut, diese aber ihre ganze Leistung überhaupt nicht wertschätzt.

Bei näherem Hinsehen zeigt sich allerdings, dass sie seit vielen Jahren diese Dreifachbelastung klaglos auf sich genommen hatte, ohne jemals ihrem Ehemann oder den Kindern entsprechende Unterstützung abzufordern. Sie fängt an, darüber nachzudenken, warum sie bis jetzt immer bereit war, so viel Arbeit auf sich zu nehmen, und merkte, dass das viel mit ihrer Rolle in ihrer Herkunftsfamilie zu tun hatte und ihrem sehr alten Bedürfnis, besonders bedeutsam für andere sein zu wollen. Indem sie sich für die anderen »aufopferte«, bekam sie eine besondere Wichtigkeit, und das gab ihr viel Bestätigung. Sie erkannte, dass sie sich sehr bemühte, immer alles perfekt zu machen und niemandem »zur Last zu fallen«. Schon in ihrer Kindheit musste sie stets ihre psychisch labile Mutter entlasten, indem sie möglichst unauffällig funktionierte und schon früh viel Verantwortung übernahm.

Nun war sie erstens sehr erschöpft, zweitens aber auch an einem Punkt in ihrem Leben, an dem sie auf diese Bestätigung durch Selbstaufopferung gar nicht mehr angewiesen war. Sie hatte sich selbst, ihrer Familie und ihrem Chef schon lange bewiesen, wie kompetent und verantwortungsbewusst sie war. Sie war nicht länger bereit, sich selbst auszubeuten, und beschloss deshalb, aus dem Teufelskreis der Selbstüberforderung und Unzufriedenheit auszusteigen: Sie überlegte, wie sie sich konkret im Alltag entlasten konnte. Ihr fiel z. B. auf, dass sie seit vielen Jahren mit großer Selbstverständlichkeit den Frühstückstisch für sich, ihren Mann und die drei halbwüchsigen Kinder deckte und ihr das langsam auf die Nerven ging. Alle hatten sich daran gewöhnt, keiner bedankte sich dafür oder freute sich morgens darüber. Sie verkündete dann bei einer Familienversammlung freundlich, aber bestimmt, dass sie nicht mehr bereit sei, jeden Morgen alleine den Tisch zu decken. Zu ihrer Überraschung zeigten sich Ehemann und Kinder einsichtig und erklärten sich bereit, die morgendliche Arbeit mit ihr zu teilen.

Etwas anderes als Routinen sind Rituale. Rituale sind bewusst eingesetzte immer wiederkehrende Zeremonien, die meistens etwas Würdevolles an sich haben. Sie beleben Partnerschaften und sorgen gleichzeitig dafür, dass wir uns etwas »geben« – etwa Aufmerksamkeit, Zuwendung oder Zärtlichkeit. Positive Rituale geben Kraft. Rituale gehören unbedingt zur Paar-Kultur dazu! Fragen Sie sich:

- Wie sieht es mit bewussten Paar-Ritualen bei Ihnen aus? Gibt es solche? Gefallen sie Ihnen?
- Pflegen Sie sie Ihrer Ansicht nach ausreichend oder sollten sie ausgebaut werden?
- Wissen Sie, welche Rituale Ihr Partner/Ihre Partnerin besonders schätzt? Wenn nicht, fragen Sie ihn/sie!
- Welche Ihrer Rituale von früher würden Sie gerne wiederbeleben?

- Welche erotischen Liebes-/Verführungsrituale gibt es in Ihrer Partnerschaft? Mögen Sie sie oder würden Sie gerne etwas daran verändern?
- Wie gestalten Sie Erinnerungstage wie etwa den Hochzeitstag/ Jahrestag? Würdigen und feiern Sie ihn angemessen? Wenn nicht: Was sagt es Ihrer Ansicht nach über den jetzigen Stand Ihrer Beziehung aus, wenn Sie Ihren Hochzeitstag/Jahrestag nicht angemessen feiern?
- Möchten Sie gerne neue Rituale einführen? Welche könnten das sein?

Hier einige Vorschläge, die Sie ganz nach eigenem Gusto verändern oder ergänzen können:
- gegenseitige (erotische) Massagen bei Musik,
- sich etwas vorlesen,
- sich Briefe oder romantische Zettelchen schreiben,
- regelmäßige Spaziergänge verabreden,
- morgens joggen und anschließend gemütlich frühstücken gehen,
- Kuschelstunde mit Redeverbot,
- Zwiegespräche einführen (siehe die entsprechende Übung im Abschnitt »15 Tipps, um die Liebe lebendig zu halten und gemeinsam zu wachsen« in Kapitel 6),
- zusammen kochen und feierlich essen,
- einmal im Monat ein neues Restaurant ausprobieren,
- ...

3. »Komm zu mir!« – »Bleib weg!« Über das Austarieren von Nähe und Distanz

Jeder Mensch braucht sowohl die emotionale Verbundenheit mit anderen Menschen als auch ein gewisses Maß an persönlichem Freiraum. In einer intimen Beziehung muss hier ständig austariert werden: Wer braucht wann wie viel Nähe? Wer braucht wann wie viel Rückzugsmöglichkeit, um auch wieder für sich sein zu können? Dieser Prozess unterliegt einer ständigen Dynamik und ist von daher bei vielen Paaren ein heikles Dauerthema, etwa wenn ein Partner deutlich häufiger den äußerlichen oder mentalen Rückzug antritt, als dem anderen lieb ist.

Jedes Paar sorgt auf eine ganz spezifische Art und Weise für ein (mehr oder weniger) ausgewogenes Verhältnis zwischen Nähe und Distanz. Es kann sein, dass jeder gleichermaßen für Nähe, aber auch für den nötigen Abstand sorgt. In manchen Partnerschaften ist es so, dass ein Partner eher zuständig dafür ist, Nähe herzustellen, und der andere eher dafür, wieder für Distanz zu sorgen. Das kann daran liegen, dass der eine Partner es nicht schafft, Distanz herzustellen, weil er nach einer symbiotischen Verbindung sucht, und der andere nicht genau weiß, wie er Nähe herstellen kann, weil er das in seiner Herkunftsfamilie nie gelernt hat. So ergänzen sich die Partner zwar, jedem Einzelnen fehlt aber die Fähigkeit des anderen. Das kann eine Weile gut gehen, und viele Paare leben so, einfach, weil sie sich daran gewöhnt haben und es für sie ein akzeptables Arrangement zu sein scheint.

Auf die Dauer kann sich das Ganze aber etwas einseitig anfühlen. Meistens sind es diejenigen, die Nähe herstellen können, die sich irgendwann zu wenig gesehen fühlen. Wenn sie dann erkennen könnten, dass der andere sich nicht nur abwendet, weil er keine Lust mehr auf Kontakt hat, sondern weil er etwas Notwendiges mit erledigt (nämlich wieder aus der Symbiose auszusteigen), wäre zwar damit das Problem noch nicht gelöst, aber ein erster Schritt zu mehr gegenseitigem Verständnis getan.

Fragen Sie sich:
- Wodurch entsteht bei Ihnen Nähe?
  - Überlegen Sie, in welchen Situationen Sie sich in der letzten Zeit Ihrem Partner / Ihrer Partnerin emotional besonders nah gefühlt haben. Wie ist das passiert? Wer hat was dazu beigetragen? Wie haben Sie sich dabei gefühlt?
  - In welcher Situation haben Sie sich von Ihrem Partner / Ihrer Partnerin sehr weit entfernt gefühlt? Wie war das für Sie? Wie ist diese Distanz entstanden?
- Ergänzen Sie spontan folgende Satzanfänge:
  - Ich sorge für Nähe, indem ich …
  - Mein Partner / meine Partnerin sorgt für Nähe, indem er / sie …
  - Ich sorge in meiner Partnerschaft für Distanz, indem ich …
  - Mein Partner / meine Partnerin sorgt in meiner Partnerschaft für Distanz, indem er/sie …

- Welche Funktion hat Streit in Ihrer Partnerschaft?
  ☐ Streit bei uns dient eher dazu, miteinander in Kontakt zu treten.
  ☐ Streit bei uns dient eher dazu, Distanz zu schaffen.
  ☐ Mal so, mal so.
  ☐ Weder noch, sondern ....
  Wie würde Ihr Partner/Ihre Partnerin diese Frage beantworten?

- Wie ausgewogen ist Ihrer Ansicht nach das Verhältnis zwischen Nähe und Distanz in Ihrer Partnerschaft?
  ☐ ausgewogen
  ☐ mehr Nähe als Distanz
  ☐ mehr Distanz als Nähe
  Wie würde Ihr Partner/Ihre Partnerin diese Frage beantworten?

Was bedeutet das Ergebnis für Ihre Partnerschaft?

_____

_____

4. Jobs und andere Zuständigkeiten: Die Rollen- und Aufgabenverteilung in unserer Partnerschaft

In langjährigen Partnerschaften hat sich meistens eine relativ klar umrissene Rollen- und Aufgabenverteilung eingespielt. Meistens resultieren diese aus den Interessen und Begabungen des Einzelnen einerseits, andererseits aber aus den Notwendigkeiten, die der (berufliche) Alltag an uns stellt. So sind es meistens immer noch die Mütter, die sich neben einer (Teilzeit-)Erwerbstätigkeit für fast alle Belange der Familie zuständig fühlen. Viele Paare haben sich mit dieser klassischen geschlechtsspezifischen Rollenverteilung arrangiert. Aber auch hier können sich die Bedürfnisse ja verändern. Vor allem, wenn die Kinder größer sind und nicht mehr so viele Energien binden, möchten viele Frauen wieder mehr arbeiten oder aber sich endlich mehr um sich selber kümmern. Es kann also nicht schaden, die Aufgaben- und Rollenverteilung innerhalb der Partnerschaft einmal genau anzuschauen und unter dem Gesichtspunkt

zu prüfen, ob sie noch zu den aktuellen Lebensbedingungen und -wünschen passt:
- Wer stößt häufiger Gespräche und gemeinsame Aktivitäten an?
- Wer kümmert sich mehr um den Haushalt?
- Wer fühlt sich eher für die Belange der Kinder zuständig?
- Wer spricht eher Probleme und Konflikte an?
- Wer ergreift häufiger die sexuelle Initiative?
- Wer sorgt mehr für soziale Kontakte, lädt Gäste ein etc.?
- Wer kümmert sich mehr um Eltern und Schwiegereltern?
- Wer versorgt wen wie und wann (emotional, finanziell, mental …)?

Wenn Sie diese Fragen beantwortet haben, ziehen Sie ein kleines Resümee:
- Wofür fühlen Sie sich in Ihrer Partnerschaft in erster Linie zuständig?
- Erwartet Ihr Partner/Ihre Partnerin, dass Sie diese Aufgaben erledigen?
- Erwarten Sie von sich selbst, dass Sie diese Aufgaben erledigen?
- Überlegen Sie, ob Sie mit der Aufgaben- und Rollenverteilung in Ihrer Partnerschaft zufrieden sind:
  ☐ Ich bin damit sehr zufrieden.
  ☐ Ich bin damit einigermaßen zufrieden.
  ☐ Ich bin damit unzufrieden.

Wenn Sie nicht sehr zufrieden sind: Was würden Sie gerne ändern? Antworten Sie hier so präzise wie möglich: »Ich wünsche mir, dass …«
- Es ist schwierig, vom Partner/von der Partnerin Veränderungen einzufordern, ohne selbst bereit zu sein, etwas zu ändern. Fragen Sie sich also auch ehrlich:
  - Was könnten Sie dazu beitragen, dass sich die Rollenverteilung dauerhaft verändert?
  - Was müssten Sie lassen, um hier ein deutliches Signal zu setzen?
  - Was würde Ihrer Ansicht nach dann passieren?
- Und wie zufrieden ist Ihr Partner/Ihre Partnerin mit der Rollenverteilung in Ihrer Partnerschaft?
  ☐ sehr zufrieden

☐ einigermaßen zufrieden
☐ unzufrieden
- Was würde Ihr Partner/Ihre Partnerin gerne ändern?
- Was ist er/sie bereit, dafür zu tun?
- Haben Sie das Gefühl, von Ihrem Partner/Ihrer Partnerin in eine bestimmte Rolle gedrängt zu werden, die Sie eigentlich nicht (mehr) erfüllen mögen? Wenn ja:
  - Woran merken Sie das?
  - Was stört Sie an dieser Rolle?
  - Sind Sie mit Ihrem Partner/Ihrer Partnerin ernsthaft darüber im Gespräch? Weiß Ihr Partner/Ihre Partnerin, wie es Ihnen damit geht?
  - Was könnten Sie selber tun, um aus dieser Rolle auszusteigen?
  - Was könnte Ihr Partner/Ihre Partnerin tun?
  - Müsste Ihr Partner/Ihre Partnerin ein Privileg aufgeben, um Sie aus dieser Rolle zu entlassen? Wenn ja, welches?
- Fühlt sich Ihr Partner/Ihre Partnerin von Ihnen (manchmal) in eine ungeliebte Rolle gedrängt? Wenn Sie das nicht wissen, fragen Sie ihn/sie.

Kleine Übung: Heute mal alles anders machen!

Wenn Sie experimentierfreudig sind, dann können Sie mal folgenden kleinen Versuch starten: Machen Sie einen Tag lang ganz bewusst alles anders als sonst. Putzen Sie sich die Zähne mit links, wenn Sie Rechtshänder sind. Decken Sie nicht den Tisch, wenn Sie das sonst immer machen. Kochen Sie, wenn Sie das sonst nicht machen etc. Das kann Spaß machen, die Angehörigen zum Staunen bringen und Verwirrung erzeugen. Auf diese Weise kommen alle Gewohnheiten zutage, die man mittlerweile so selbstverständlich findet.

Sicher werden Sie schnell merken, welche Gewohnheiten sinnvoll sind und welche Aufgabe Sie ganz gerne mal abgeben würden. Probieren Sie es aus, es lohnt sich!

Wenn Sie gerne künstlerisch tätig sind, können Sie versuchen, Ihre Partnerschaft als Skulptur darzustellen. Ihrer Fantasie sind hier keine Grenzen gesetzt. Sie können diese Übung aber auch als reines Gedankenexperiment nehmen und sich überlegen:

- Welches Material würde ich wählen (Ton, Stein, Metall, verschiedene …)?
- Wie groß wäre die Skulptur?
- Welche Farbe(n) hätte sie?
- Welche Form hätte sie?
- Wo würde ich sie hinstellen?
- Würde ich Sie gerne stolz präsentieren?

Natürlich können Sie auch versuchen, Ihre Beziehung zu malen, bzw. sich dies vorstellen:

- Welches Format würde ich wählen (z. B. DIN A5 oder zwei Meter mal fünf Meter – das eine ist nicht schlechter als das andere!)?
- Welche Farben und welches Material würde ich benutzen? (Pappe, Papier, Leinwand, Holz, Bleistift, Buntstifte, Aquarellfarben, Wachsmalstifte, Fingerfarben, Spachtelmasse, Federn, Steine oder alles bunt durcheinander?)
- Würde ich das Bild gerne aufhängen? Oder lieber in mein Schatzkästchen packen?

Besonders interessant wäre es natürlich, wenn beide Partner sich tatsächlich, nicht nur in der Vorstellung, an dieser kreativen Übung versuchen würden. Anschließend könnte man die Werke nebeneinander anschauen und sich über das zu Sehende austauschen und jede Menge Interpretationen liefern. Oder man könnte einfach andächtig davorstehen und miteinander über das Geschaffene staunen. Denn mit Sicherheit gäbe es zwar einige Überschneidungen, aber auch große Unterschiede zu entdecken. Das könnte durchaus sehr spannend sein!

Alternativ könnten Sie sich auch überlegen: Wenn Ihre Partnerschaft ein Bild, ein Buch, eine Oper oder ein Theaterstück wäre, was wäre der Titel? Schreiben Sie mehrere Varianten auf und suchen Sie sich dann das Passendste aus.

Wie würden Ihr Partner/Ihre Partnerin, Ihr Kind, Ihre Mutter oder Ihre beste Freundin Ihre Partnerschaft betiteln?

Ihrer Fantasie und Ihrem Humor sind hier keinerlei Grenzen gesetzt! Wie wäre es mit: »Die Schöne und das Biest«, »Krieg der Sterne« oder »Die unendliche Geschichte«? Sicher fällt Ihnen etwas viel Besseres ein!

5. Machen Sie sich Ihre Beziehungs- und Kommunikationsmuster klar

In jeder Beziehung spielen sich mit der Zeit bestimmte Verhaltens- und Kommunikationsmuster ein. Manche sind sinnvoll, hilfreich und passend, andere nerven oder sind nach einer Weile eher hinderlich für das aktuelle Paar-Leben und eine gemeinsame Weiterentwicklung. Prüfen Sie doch bei Gelegenheit mal, wie diese Muster bei Ihnen aussehen. Ergänzen Sie möglichst spontan folgende Satzanfänge:

* Oft muss ich für dich …
* Wenn du mich ärgern willst, brauchst du nur …
* Damit unsere Beziehung gut funktioniert, muss ich …
* Wenn ich mit dir Streit haben möchte, brauche ich nur …
* Wenn du wütend auf mich bist, fühle ich mich oft …
* Nähe zu dir herzustellen, geht am besten, indem ich …
* Ich werde ärgerlich, wenn du …
* Es macht mich traurig, wenn du …
* Ich habe keine Lust mehr, dir immer …
* Ich sehne mich danach, dass du endlich einmal …

Was fällt Ihnen auf? Überrascht Sie etwas besonders? Kommen Sie mit Ihrem Partner/Ihrer Partnerin über diese Verhaltensmuster ins Gespräch und überlegen Sie, was Ihnen daran gefällt und was Sie gerne ändern würden.

Gehen Sie aber bitte nicht davon aus, dass sich solche eingespielten Muster schnell verändern lassen. Durch Ihr Nachdenken darüber bringen Sie einen Prozess in Gang, der über Monate hinweg gehen kann. Wir Menschen sind Gewohnheitstiere: Es fällt uns oft schwer, aus altbekannten Mustern auszusteigen. Seien Sie hier geduldig mit sich und Ihrem Partner/Ihrer Partnerin. Versuchen

Sie, gelassen zu bleiben und alle kleineren Rückfälle mit Humor zu tragen.

6. Sexualität und Intimität: Nehmen Sie Ihr Liebesleben unter die Lupe

Wie lebendig gestaltet sich die Beziehung im Bett? Für eine Bestandsaufnahme könnten hier folgende Fragen interessant sein:
- Was finde ich an meinem Partner/meiner Partnerin attraktiv?
- Was hat ihn/sie für mich früher so reizvoll gemacht?
- Wie steht es um unsere Zärtlichkeit?
- Fühle ich mich begehrt und »gemeint«?
- Begehre ich meinen Partner/meine Partnerin noch?
- In welchen Situationen fühle ich mich besonders zu ihm/ihr hingezogen?
- Was stört mich aktuell am meisten »im Bett«?
- Welche Veränderungen wünsche ich mir im sexuellen Bereich?
- Überlegen Sie einmal, wie wichtig Ihnen die gemeinsame Sexualität ist?

unwichtig   sehr wichtig
1   2   3   4   5   6   7   8   9   10

Und Ihrem Partner/Ihrer Partnerin?

unwichtig   sehr wichtig
1   2   3   4   5   6   7   8   9   10

Anmerkung: Es ist völlig normal, dass Partner ein unterschiedlich starkes Interesse an der gemeinsamen Sexualität haben. Problematisch wird es erst dann, wenn die Unterschiede sehr groß sind, etwa wenn ein Partner dauerhaft unter einer mangelnden gemeinsamen Sexualität leidet, sich zum Sex verpflichtet fühlt oder wenn »Sex-Entzug« von einem Partner als Erpressungsmethode eingesetzt wird (mehr dazu in Kapitel 6). In diesem Fall sollten Sie das Thema »Sexualität« unbedingt miteinander besprechen und ggf. eine Paartherapeutin bzw. einen Sexualtherapeuten aufsuchen. Und zwar am besten gemeinsam.

In dieser kleinen Übung geht es nun darum, wie es um Ihre derzeitige Befindlichkeit im Allgemeinen steht: Wie geht es Ihnen selbst gerade in Ihrem Leben? Wie geht es Ihrem Partner/Ihrer Partnerin? Und wie geht es Ihnen als Paar? Schreiben Sie auf:

Mich beschäftigen zurzeit besonders folgende Themen:

_____

_____

Am meisten belastet mich, dass

_____

_____

Ich freue mich momentan besonders, wenn

_____

_____

Meinen Partner/meine Partnerin beschäftigen zurzeit besonders folgende Themen:

_____

_____

Am meisten belastet ihn/sie, dass

_____

_____

Er/sie freut sich momentan besonders, wenn

_____

_____

Wenn Sie mögen, gleichen Sie die Ergebnisse miteinander ab: Haben Sie Recht mit Ihren Annahmen, was Ihren Partner/Ihre Partnerin derzeit bewegt und beschäftigt? Und weiß er/sie, was Sie gerade bewegt und beschäftigt?

Wenn nicht, kann das ein Zeichen dafür sein, dass Sie gerade nicht besonders gut miteinander in Kontakt sind. Das kann an den äußeren Belastungen liegen oder daran, dass jeder gerade einfach ein bisschen für sich sein will. Das ist natürlich nicht zwangsläufig ein Zeichen mangelnder Liebe. Höchstens vielleicht ein Zeichen von mangelnder gegenseitiger Aufmerksamkeit. Aber auch diese Phasen sind normal. Wir können nicht immer wissen, was im anderen vorgeht, und der andere kann auch nicht immer darüber im Bild sein, was uns gerade umtreibt.

Allerdings kann es natürlich spannend und belebend sein, immer wieder neue Aspekte beim Partner/bei der Partnerin zu erkunden. Viel zu oft glauben wir, unseren Partner gut zu kennen. In Paarberatungen zeigt sich dann aber immer wieder, wie wenig Menschen voneinander wissen, die mitunter schon viele Jahre zusammenleben. »Das hab ich ja gar nicht gewusst!« ist ein Satz, den man in diesem Kontext oft hört. Bleiben Sie also neugierig aufeinander: Es gibt mit Sicherheit noch viel aneinander und miteinander zu entdecken!

Bewegen Sie bei Gelegenheit auch einmal folgende Fragen in Ihrem Herzen:

• Was würden Ihre Kinder sagen, wie es Ihnen als Paar zurzeit miteinander geht?
• Was würde Ihre beste Freundin sagen, wie Sie sich in Ihrer Beziehung gerade fühlen? Hätte Sie Recht?
• Machen Ihre Kinder sich Sorgen, dass Sie sich trennen könnten? Sind diese Sorgen berechtigt?

8. Kleine Paar-Übung: Sich »Bekenntnisbriefe« schreiben

Schreiben Sie sich gegenseitig einen Bekenntnisbrief zum Thema »Wie es mir mit dir gerade geht« – allerdings nicht im Sinne einer Abrechnung nach dem Motto »Was ich dir schon immer mal sagen wollte!«, sondern als emotionale Selbstoffenbarung: Ich zeige mich hiermit meinem Partner/meiner Partnerin, mit meinen Hoffnungen und Wünschen, meiner Freude und Traurigkeit, mit allem, was sich in mir regt. Dies aufzuschreiben, ist allemal schwieriger, als den Partner mit Anklagen zu überhäufen oder Forderungen zu stellen.

Deshalb beachten Sie bitte folgende Regeln:
Bleiben Sie unbedingt bei sich, schreiben Sie ausschließlich *von sich und Ihren Gefühlen, Wünschen, Bedürfnissen,* und das möglichst konkret.

- Schreiben Sie keinesfalls *über Ihren Partner/Ihre Partnerin!* Machen Sie keine Vorwürfe!
- Verabreden Sie mit Ihrem Partner/Ihrer Partnerin einen Termin, an dem Sie sich diese Briefe gegenseitig vorlesen.
- Hören Sie ruhig zu und verkneifen Sie sich jeden Kommentar. Lassen Sie den Inhalt des Briefes sacken – auch wenn Sie am liebsten sofort darüber reden würden: Vermeiden Sie das zunächst. Verschieben Sie das Reden darüber auf einen späteren Zeitpunkt.
- Versuchen Sie einfach zu akzeptieren, dass dies die Sicht Ihres Partners/Ihrer Partnerin ist, auch wenn Sie vielleicht vieles ganz anders erleben als er/sie. Und auch dann, wenn vielleicht ein paar Aspekte dabei waren, die Sie unangenehm berührt oder sogar gekränkt haben.
- Wenn Sie das Bedürfnis haben, über den Inhalt der Briefe zu reden, verabreden Sie sich dazu und tun Sie das unter folgenden Gesichtspunkten:
  - Was hat mich gefreut?
  - Was hat mich gewundert?
  - Was hat mich irritiert?
  - Was hat mich geärgert?
  - Was habe ich nicht ganz verstanden?

Anmerkung: Wenn Ihr Partner/Ihre Partnerin an dieser Übung kein Interesse zeigt, schreiben Sie den Brief einfach nur für sich selbst. Sie werden durch das Aufschreiben auch so schon viel über sich und Ihre aktuelle Befindlichkeit innerhalb der Partnerschaft lernen.

9. Wie unterstützen wir uns gegenseitig? Und woran hindern wir uns?

Jeder Mensch hat von Natur aus das Bedürfnis, sich weiterzuentwickeln. Dafür muss er zwangsläufig bestimmte Reifungsprozesse durchleben und Krisenphasen in seinem Leben bewältigen. Viele Paare machen die Erfahrung, dass sie durch das gemeinsame Meistern von Krisen zusammengewachsen und miteinander gereift sind. Menschen brauchen, um sich weiterzuentwickeln, andere Menschen, insbesondere vertraute und verlässliche Freunde und Partner. Es ist insofern übrigens ein Irrtum zu glauben, man könne sich am besten »selbst verwirklichen«, wenn man ungebunden ist. Viele Erkenntnisprozesse werden überhaupt erst durch die intensive Auseinandersetzung mit anderen Menschen in Gang gesetzt. Oft lernen wir aus Konflikten oder Problemen, die sich uns in den Weg zu stellen scheinen. Wie lernen also *in* Beziehung, aber auch *durch* Beziehung.

Eine wichtige Frage ist also auch immer, wie sich die Partner in ihrer jeweiligen individuellen Entwicklung unterstützen bzw. wie sie sich darin gegenseitig hemmen. Oft sind es die Frauen, die ab einem bestimmten Punkt das Gefühl haben, von ihrem Mann nicht in ihrem Veränderungswunsch angemessen unterstützt zu werden. Dann kommt es zu einem Ungleichgewicht innerhalb der Beziehung: Der eine Partner will etwas verändern und der andere hält stoisch an den gewohnten Mustern fest. So entstehen oft heftige Beziehungskrisen – vor allem, wenn der Partner dann nicht willens ist, sich mit den Veränderungswünschen der Frau und seinen eigenen Beharrungstendenzen auseinanderzusetzen. Umgekehrt gilt natürlich dasselbe. Auch Frauen sind manchmal nicht dazu bereit, aus bestimmten, ihnen vertrauten Verhaltensmustern auszusteigen. Gründe hierfür sind oft, ebenso wie bei Männern, Angst vor Veränderung oder vor Privilegien- oder Machtverlust.

Ein Beispiel:

Frau B. ist seit einiger Zeit sehr wütend auf ihren Mann. Nach langen Jahren der Kindererziehung möchte sie nun endlich beruflich neu durchstarten und hat auch einen guten Job gefunden, der ihr sehr viel Engagement abverlangt. Ihr Mann hat laut eigener Aussage nichts dagegen, sondern bestärkt sie durchaus in ihrem Bestreben und Ehrgeiz, irgendwie scheint er auch stolz auf sie zu sein.
Im Haushalt zeigt er – trotz entsprechender Vereinbarungen – allerdings kein verstärktes Engagement, so dass Frau B. das Gefühl hat, jetzt mehr zu arbeiten und trotzdem den gesamten Haushalt alleine am Hals zu haben. Immer wieder fordert sie ihren Mann auf, mehr im Haushalt zu tun. Er verspricht immer Besserung, tut aber dennoch nicht viel mehr. Frau B. fühlt sich dann genötigt, doch alles alleine zu erledigen, obwohl ihr das alles viel zu viel ist. Sie ist nach einem kleinen Nervenzusammenbruch nun wieder kurz davor, ihre

Berufstätigkeit aufzugeben, um sich nicht ständig so überfordert und alleingelassen zu fühlen.

In einem Beratungsgespräch kommt dann schließlich heraus, dass Herr B. zwar »eigentlich« nichts gegen die Weiterentwicklung seiner Frau hatte, er sie aber sozusagen unbewusst boykottiert, indem er ihrem Wunsch nach Entlastung im Haushalt nicht nachkommt und sie auch ansonsten nicht aktiv unterstützt.

Es zeigt sich, dass er massive Ängste hat, seine Frau könne ihm »den Rang ablaufen« und zu einer Konkurrentin werden, denn sie ist plötzlich sehr erfolgreich und zudem beliebt bei ihren Kollegen. Er ist eifersüchtig, aber auch nicht bereit, die Privilegien, die er bislang hatte (nämlich sozusagen rundum versorgt zu werden) aufzugeben.

Als sie über seine Ängste miteinander sprechen können, legt sich die Wut von Frau B. Trotzdem drängt sie auf Entlastung im Alltag, sollten sie weiterhin zusammenleben.

Herr B. hat aber in der Tat keine Lust, sich beruflich einzuschränken bzw. seine wenige Freizeit mit Hausarbeit zu verbringen. So vereinbaren sie dann, eine Haushaltshilfe einzustellen, und verteilen die restlichen Aufgaben auf beide Schultern.

Seine Ängste sind nicht wie weggeblasen, aber er kann besser damit umgehen, als er merkt, dass seine Frau den Erfolg zwar genießt, aber auch weiterhin viel Interesse an einem Zusammenleben mit ihm hat. Er muss ihren Erfolg und ihre Entwicklung nicht mehr unbewusst hintertreiben und die Spannungen zwischen den beiden lassen langsam nach.

Beschäftigten Sie sich also doch einmal mit den folgenden Themen:
- Wie unterstützt Ihr Partner Sie zurzeit in Ihrer persönlichen Entwicklung?
- Wie hilft er Ihnen bei Ihrer beruflichen Entwicklung?
- Woran erkennen Sie das?
- Wie könnte Ihr Partner Sie noch mehr unterstützen?
- Wie unterstützen umgekehrt Sie Ihren Partner in seiner persönlichen Entwicklung?
- Wie helfen Sie ihm bei seinem beruflichen Fortkommen?
- Woran merkt Ihr Partner das?
- Gegen welche Widerstände stoße ich bei meinem Partner/meiner Partnerin in Bezug auf bestimmte Veränderungswünsche?
- Was verhindert er/sie (bewusst oder unbewusst)?

- Welche meiner geäußerten Wünsche ignoriert er/sie oder nimmt sie nicht ernst?
- Hat mein Partner/meine Partnerin Veränderungsbedarf? Wie stehe ich selber dazu? Macht mir das Angst?
- Welche Veränderung würde mir am meisten Sorgen bereiten?

10. Was wäre, wenn ...? Zehn hypothetische Fragen zum Nachspüren

Die folgenden spielerisch-fantasievollen Fragen dienen dazu, ein noch genaueres Gespür dafür zu entwickeln, an welchem Punkt Ihrer Partnerschaft Sie gerade sind. Antworten Sie möglichst spontan und ehrlich auf folgende Fragen (sie bleiben ja geheim, wenn Sie wollen):

1. Was würden Sie jetzt tun, wenn Sie wüssten, dass Ihre Ehe in drei Monaten definitiv zu Ende wäre?
2. Was würden Sie tun, wenn Sie morgen Millionär/in wären?
3. Wo und wie wollen Sie in fünf Jahren leben?
4. Wenn Ihnen alle Möglichkeiten offenstünden, welchen Traum würden Sie sich sofort verwirklichen?
5. Wenn Sie ab morgen keinerlei moralische Skrupel mehr hätten, was würden Sie dann als Erstes tun?
6. Was würden Sie tun, wenn Sie eines Tages aufwachten und 20 Jahre jünger wären?
7. Wie würden Sie in drei Jahren leben, wenn Sie sich jetzt von Ihrem Partner trennen würden?
8. Wie würde Ihr Leben in 10 Jahren aussehen, wenn sich in Ihrer Partnerschaft nichts ändern würde?
9. Wenn eine Fee käme, die Ihnen drei Wünsche erfüllen könnte: Welche Wünsche wären das?
10. Wenn Sie Ihren Partner ändern könnten, wie Sie wollen: Was würden Sie an ihm verändern?

Abschließend können Sie sich fragen:
- Sind Sie von einer bestimmten Antwort überrascht?
- Was sagen Ihre Antworten Ihrer Ansicht nach über den aktuellen Stand Ihrer Partnerschaft aus?
- Können Sie in Ihren Antworten eine bestimmte Sehnsucht oder einen deutlichen Wunsch erkennen, z.B. nach mehr Freiraum

und Autonomie, einer bestimmten Veränderung oder einer deutlichen Entlastung? Nehmen Sie diese inneren Impulse ernst. Spüren Sie diesen nach und überlegen Sie, wie Sie diesen Wünschen (zumindest tendenziell) in Ihrem Leben entsprechen können!

Wenn Sie zurzeit ein sehr offenes und vertrauensvolles Verhältnis zu Ihrem Partner/Ihrer Partnerin haben, können Sie ihm/ihr die Fragen aus der vorangegangenen Übung tatsächlich stellen und darüber trefflich gemeinsam ins Fantasieren kommen. Sollte es in Ihrer Partnerschaft derzeit eher nicht so rosig aussehen und Sie miteinander in heftigen Konflikten stecken, würde ich davon allerdings zunächst abraten. In diesem Fall wäre es ratsamer, zunächst die nachfolgenden Kapitel zu lesen. Dort geht es darum, wie man beziehungstechnische Altlasten beseitigt und gemeinsame Grundkonflikte erkennt und bearbeitet. Es gibt also noch einiges zu tun und zu entdecken! Packen Sie's an, es könnte sich lohnen!

4. Vertrauensbrüche und andere Altlasten
Warum Kränkungen in der Liebe unvermeidbar sind und wie Sie clever damit umgehen

Jeder ernsthaft Liebende weiß, dass Liebe nicht nur schön ist, sondern manchmal auch sehr schmerzhaft sein kann. Das bezieht sich nicht nur auf den Liebeskummer, der sich einstellt, wenn unsere Zuneigung nicht auf entsprechende Gegenliebe stößt oder wir verlassen oder »betrogen« wurden. Auch Partner, die sich aufrichtig lieben, tun sich nahezu zwangsläufig manchmal gegenseitig weh. Je mehr sich Partner füreinander öffnen, je mehr sie sich gegenseitig von ihren tiefsten inneren Gefühlen und Bedürfnissen zeigen, desto verletzbarer sind sie. Das vermeintliche Paradoxon lautet also: Liebe ist schön, aber nichts für Feiglinge.

Jemanden zu lieben ist immer an ein gewisses Risiko gekoppelt, verletzt zu werden. Das ist der Grund, warum sich sehr selbstunsichere oder traumatisierte Menschen in der Liebe oft nicht weit vorwagen: Sie fürchten, dass sie die Kränkungen, die ihnen möglicherweise zugefügt werden könnten, nicht verwinden würden. Manchmal fürchten sie das auch zu Recht. Hat z.B. jemand in seiner Herkunftsfamilie keine vertrauens- und liebevollen Bindungen erlebt oder ist er gar in seiner Integrität durch emotionale oder körperliche Übergriffe schwer verletzt worden, hat er auch später oft Mühe, sich einem Partner vertrauensvoll zu öffnen. Sich stark von anderen Menschen abzugrenzen, »dichtzumachen« und möglichst wenig zu fühlen, dient dann verständlicherweise dem Schutz der eigenen beschädigten Seele. Und das ist dann auch gut und richtig so und sollte keinesfalls als Mangel, sondern als überlebensnotwendige Ressource des betroffenen Menschen betrachtet werden.

Die ganz normalen kleineren Kränkungen des Alltags finden oft absichtslos, meistens sogar unbewusst statt. Kommt die Frau gerade stolz vom Friseur zurück und ihr Liebster übersieht glatt ihren nagelneuen rasanten Kurzhaarschnitt samt Rottönung, erlebt sie das vielleicht als Kränkung. Sie fühlt sich möglicherweise ignoriert, nicht wahrgenommen, als weibliches Wesen schlicht nicht geschätzt. Es könnte sein, dass der Mann dieser rothaarigen Dame gerade unter chronischem Stress leidet, der ihm leider zurzeit das Hirn und infolgedessen auch den Blick für seine Frau vernebelt.

Es könnte aber natürlich auch so sein, dass er sich schon seit vielen Monaten insgeheim wünscht, sie möge bitte endlich mal registrieren und angemessen würdigen, wie viel er täglich schuftet, um für die Familie zu sorgen. Stattdessen macht sie ihm Vorwürfe, weil er nicht sofort gesehen hat, dass sie beim Friseur war! Frei nach dem Motto »Wenn du mir nicht das gibst, was *ich* brauche, geb ich dir auch nicht, was *du* brauchst!« befänden sich die beiden dann in einer Negativspirale, die aus der gegenseitigen Verweigerung von Anerkennung entstanden ist und sie immer weiter nach unten ziehen wird – wenn sie das Muster nicht erkennen und bewusst durchbrechen.

Insofern können Alltagskonflikte tatsächlich auf der momentanen Befindlichkeit der Partner beruhen oder aber auch auf tiefer liegende Grundprobleme hindeuten, vor allem, wenn sich solche Situationen mit leichten Variationen immer wiederholen (etwa auf das Beziehungsmuster »Ich fühle mich von dir nicht gesehen« – »Ich mich von dir aber auch nicht!«). Die meisten dauerhaften Probleme in Beziehungen entstehen tatsächlich durch sich unbewusst abspulende Muster, die sehr viel mit den Beziehungserfahrungen zu tun haben, die in der Herkunftsfamilie gemacht wurden. (Mehr Infos und Übungen dazu finden Sie in Kapitel 5.)

Im Laufe der Jahre haben also quasi zwangsläufig gegenseitige Kränkungen stattgefunden und ein Paar hat möglicherweise jede Menge Dreck unter den Teppich gekehrt. Jedes Paar sammelt mit der Zeit so seinen Ballast, eine Art Beziehungsmüll, der eigentlich sorgfältig entsorgt werden sollte. Passiert aber kein regelmäßiger Beziehungsputz, so häufen sich die unerledigten Aufgaben und unschönen Erfahrungen. Und irgendwann kommt dann der Zeitpunkt, zu dem einer von beiden die Rechnung aufmacht und dem anderen die Quittung präsentiert: Wer hat wen wann verletzt, gekränkt oder gar betrogen? Wer war schuld daran? Wer hat mehr in die Beziehung eingebracht und wer sich welchen Entwicklungen widersetzt? Wer hat mehr für den anderen getan? Und wer fühlt sich besser?

Die Zeit, dem Partner die Quittung zu präsentieren, kommt garantiert irgendwann, wenn alte Konflikte nicht richtig bearbeitet wurden. Manchmal kommt die Rache auch auf leisen Sohlen, etwa in Form von Verweigerung, Ignoranz oder Missachtung. Und manchmal kracht es erst dann richtig, wenn eine dritte Person ins Spiel kommt.

Warum unser Ideal der dauerhaften romantischen Liebe zu Enttäuschungen führen muss

In unserem Kulturkreis gilt seit einigen Jahrhunderten das Ideal der Liebesheirat. Arrangierte, standesgemäße Hochzeiten wie früher gibt es bei uns nicht mehr, stattdessen ist die Liebe für uns heutzutage die einzige akzeptable Grundlage für Partnerschaft und Ehe. Jeder kann entscheiden, ob und wann und wen er ehelichen möchte. Und das ist gut so.

Dennoch bringt unser hochgestecktes Ideal der Liebesehe natürlich auch Probleme mit sich. Da ist ja zunächst die Frage: Was ist denn Liebe überhaupt? Und woran erkenne ich, ob ich jemanden wirklich liebe? Und woran erkenne ich, dass dieser Mensch mich auch liebt? Und woher soll ich wissen, dass ich diesen Menschen auch in zehn oder zwanzig Jahren noch lieben werde?

Ebenso stellt sich die Frage: Ist der Mensch, mit dem ich zusammen bin, tatsächlich der oder die Richtige für mich? Woran erkenne ist das? Und könnte es nicht sein, dass da draußen in der Welt noch viel schönere, interessantere und liebenswertere Menschen herumlaufen? In der Tat sind die Kontakt- und Beziehungsmöglichkeiten in unserer globalisierten Welt scheinbar unendlich, wie können wir uns da dauerhaft an einen einzigen Menschen binden, der womöglich auch noch zahlreiche Macken hat? Zudem wir immer älter werden und dann auch umso länger miteinander leben müssten?

All diese Fragen sind durchaus relevant. Sie sind weder dumm noch naiv, und jeder erwachsene Mensch wird sie sich insgeheim immer wieder einmal stellen. Jeder wird auf sie seine ganz individuelle Antwort finden müssen, denn objektivieren lässt sich hier nichts. Subjektive Kriterien zur Beantwortung dieser Fragen könnten sein:

- Fühle ich mich von meinem Partner / meiner Partnerin angenommen und geliebt? Ist er/sie mir wohlgesonnen?
- Fordert mich dieser Mensch positiv heraus und hilft er mir dabei, lebendig und aufmerksam für mich selbst zu sein?
- Kann ich meinen Partner / meine Partnerin (meistens) annehmen, wie er/sie ist?
- Bin ich gewillt, mir auch die schwierigeren Seiten von ihm/ihr anzuschauen und auf den Grund seiner/ihrer Seele zu blicken?
- Kann ich zusammen mit diesem Menschen zu demjenigen werden, der ich gerne sein möchte? Oder komme ich in der Partnerschaft mir selbst nicht näher, sondern werde mir eigentlich immer fremder?

- Befördert meine Partnerschaft meine persönliche Entwicklung? Oder verhalte ich mich mittlerweile so, wie ich mich niemals verhalten wollte?
- Fördert die Verbindung eher meine positiven oder meine negativen Eigenschaften?

Ein weiterer Knackpunkt unseres hohen Liebesideals ist die hehre Idee der Monogamie und der sexuellen Treue. Diese ist für viele zwar theoretisch erstrebenswert, aber auf die Dauer offensichtlich praktisch nicht lebbar. Die Vorstellung, ein einziger Mensch könne über viele Jahre hinweg immerzu das erotische Nonplusultra bedeuten und alle eigenen sexuellen Bedürfnisse befriedigen, scheint irgendwie unrealistisch zu sein. Nicht umsonst sprießen Seitensprungagenturen wie Pilze aus dem Boden und der Kontaktanzeigenmarkt ist überschwemmt mit Suchanzeigen von verheirateten Menschen. Frauenzeitschriften geben zahlreiche mehr oder weniger anzügliche Tipps, wie »frau« am besten eine heimliche Liebesaffäre anfängt. Alles in allem scheint »Untreue« zu einer Art harmlosprickelndem Lieblingshobby der Deutschen geworden zu sein – wenn man den Medien denn Glauben schenken möchte. Im echten Leben führt sie allerdings nach wie vor zu massiven Schuldgefühlen und Kränkungen.

Insgesamt scheint uns also das Ideal der dauerhaften romantischen Liebe zu überfordern. Wer in der Ehe permanent Wolke 7, immerzu tollen Sex und harmonische Innigkeit erwartet, muss zwangsläufig enttäuscht werden. Auch die Vorstellung, man könne sich über Jahre hinweg immer gleichermaßen zugewandt und zueinander hingezogen fühlen, ist unrealistisch. Entsprechend sind also ganz normale Kränkungen und Enttäuschungen innerhalb einer Partnerschaft schon allein deshalb zu erwarten, weil wir unseren Partner mit überzogenen Vorstellungen permanent überfordern – und uns selbst natürlich auch. Wenn wir ehrlich sind, sind wir selbst ja auch nicht immer so liebevoll, geduldig und herzensgut, wie wir vielleicht gerne wären. Auch wir haben schließlich Aggressionen, die unser Partner manchmal abbekommt, und auch wir sind manchmal in bestimmten destruktiven Verhaltensmustern gefangen, die unserer Partnerschaft nicht zuträglich sind.

Partner, die schon eine Weile zusammenleben, haben also in der Regel gelernt, dass das Interesse aneinander und die Lust aufeinander schwanken und dass man sich in manchen Phasen schlicht gegenseitig nervt. Und bestenfalls wissen sie natürlich auch, dass das nicht bedrohlich ist, sondern normal. Paare, die sich als glücklich bezeichnen, machen auch die Erfahrung, dass sie sich nach einer Weile des Nervens oder Nebeneinanderherlebens »wiederfinden«, sich emotional wieder näherkommen. Nach partnerschaftlichen Leerlaufphasen folgen also in lebendigen Beziehungen immer wieder auch Phasen, in denen die Partner den Kontakt und ein gewisses Maß an Innigkeit suchen und finden. Bleibt das allerdings dauerhaft aus, so entstehen Stillstand und Erstarrung. Je länger dieser Zustand dauert, desto schwieriger wird es, einen Ausweg aus dieser paralysierenden Pattsituation zu finden. Ursachen für solche Erstarrungen sind oft unbearbeitete Konflikte, massive Enttäuschungen oder Ängste.

Es ist also auch die Aufgabe beider Partner, mit kleineren gegenseitigen Enttäuschungen umzugehen und bestimmte Erwartungen an den anderen auf ein realistisches Maß herunterzuschrauben. Das ist ein durchaus sinnvoller Prozess, mithilfe dessen man die Partnerschaft stabilisieren und dauerhaft entlasten kann.

Entscheidend ist allerdings, wie jeder Einzelne diese »Enttäuschung« verarbeitet und ob er sie gut in sein Leben integrieren kann. Das wiederum hängt unter anderem davon ab, ob er das, was er sich wünscht, woanders bekommt oder ob er vielleicht auch auf bestimmte Dinge verzichten kann. Merkt eine Frau z. B., dass ihr Partner es hasst, shoppen zu gehen, wird sie gut daran tun, mit ihrer Freundin nach schicken Klamotten Ausschau zu halten. Je nachdem, wie wichtig dieses »gemeinsame Tun« für den Einzelnen ist, wird es ihm etwas schwerer oder leichter fallen, von dieser Idee (»Ich möchte, dass ich mit meinem Mann shoppen gehen kann und er Spaß dabei hat«) abzulassen.

Abgeschminkt: Welche Vorstellungen haben Sie schon über Bord geworfen?

Wenn Sie schon ein paar Jahre liiert sind, haben auch Sie sich bestimmt schon von ein paar Idealvorstellungen verabschiedet. Welche sind das?

- Von welchen Idealvorstellungen haben Sie sich in Ihrer Partnerschaft schon verabschiedet?
- Welche Vorstellung konnten Sie gut loslassen, welche weniger gut?
- Wie geht es Ihnen heute damit?

Es kann eine enorme Erleichterung sein, von bestimmten Vorstellungen Abschied zu nehmen und sie einfach über Bord zu werfen. Das entlastet den Partner und Sie selber. Und das Beziehungsschiff kann dann wieder mit voller Kraft voraus fahren!

Wesentlich schwieriger wird es allerdings, wenn es sich nicht nur um enttäuschte Wünsche (wie etwa gemeinsame Hobbys oder Unternehmungen) handelt, sondern wenn dauerhaft grundlegende Bedürfnisse nicht befriedigt werden, etwa das Bedürfnis nach Bestätigung, nach Wahrgenommenwerden oder auch nach Zärtlichkeit und Sex. Werden diese Bedürfnisse innerhalb der Partnerschaft dauerhaft nicht befriedigt, kann das für einen Partner sehr belastend sein und die Beziehung nachhaltig gefährden. Hinter einer solchen (gegenseitigen) Verweigerung stehen oftmals ungeklärte Konflikte und unverheilte Wunden.

Nur Unfähigkeit oder schon Verweigerung? Was geben wir uns gegenseitig nicht?

Dass wir uns in einer Partnerschaft nicht alles gegenseitig geben können, was wir uns wünschen, ist normal. Wenn jedoch wichtige eigene Bedürfnisse und Wünsche immer zu kurz kommen, sollten wir uns das einmal genauer anschauen. Dazu könnten Sie folgende Fragen zu Hilfe nehmen:
- Was vermissen Sie an Ihrem Partner? Was wünschen Sie sich schon seit geraumer Zeit von ihm und bekommen es aber nicht?
  - Was glauben Sie, woran das liegt?
  - Weiß Ihr Partner, was Sie sich von ihm wünschen?
  - Ist er aus bestimmten Gründen nicht in der Lage, Ihnen Ihren Wunsch zu erfüllen, oder haben Sie das Gefühl, dass er Ihnen etwas bewusst vorenthält?
- Gibt es etwas, das Ihr Partner Ihnen seit geraumer Zeit relativ hartnäckig verweigert? Warum könnte das so sein?
- Und umgekehrt: Welche Wünsche Ihres Partners erfüllen Sie ihm nicht? Verweigern Sie Ihrem Partner etwas? Wann hat das begonnen und welche Gründe haben Sie dafür?

Die Zeit heilt keine Wunden. Warum Verdrängen und Vergessen keine guten Lösungen sind

Unverheilte Verletzungen, die einer von beiden mit sich herumschleppt, sind schleichendes Gift für jede langjährige Beziehung. Wenn ein wichtiger Streitpunkt nicht wirklich aus der Welt geschafft werden konnte, so kommen die damit verbundenen unangenehmen Gefühle wie ein Bumerang immer wieder zurück: Die alten Schmerzen werden dann sofort wieder aktiviert, wenn neue, ähnliche Schwierigkeiten auftauchen. Eine Klärung dieser aktuellen Probleme ist dann häufig erschwert.

Verletzungen aus der gemeinsamen Vergangenheit, die noch nicht verheilt sind, stehen sehr oft zwischen zwei Partnern und verhindern echte Nähe, tiefes Vertrauen und gemeinsames Weiterwachsen. In manchen Beziehungen haben sich manchmal über Jahre hinweg Aggressionen aufgestaut, deren Herkunft sich im Rückblick nur noch schwer orten lassen. Meistens sind sie auf Kränkungen zurückzuführen, die irgendwann einmal stattgefunden haben und dann vermeintlich in Vergessenheit geraten sind. In Wirklichkeit haben sich diese ganzen Reste im Unbewussten angesammelt und gären dort vor sich hin. Aus dieser Masse Unverarbeitetem entsteht dann ein nicht zu verachtendes Aggressionspotenzial, welches sich nicht selten irgendwann in gegenseitiger Ignoranz oder Gewaltausbrüchen äußert und einer Beziehung schließlich auch den Todesstoß versetzen kann.

Besonders wenn die Kinder groß werden und das Elternhaus verlassen, liegt die Versuchung nahe, die Partnerschaft aufzukündigen und sich nicht nur vom Partner, sondern damit (hoffentlich) auch von den alten Wunden zu verabschieden. So kann eine Trennung auch zu einer Art Rachefeldzug werden, wenn z. B. der andere gar nicht weiß, warum er nun nach all den Jahren plötzlich verlassen werden soll. Die oftmals versteckt und auch durchaus aggressive Botschaft lautet dann: »Du hast mich all die Jahre missachtet/gekränkt/ ... und mich damit so verletzt, dass ich dich jetzt auch verletze.«

Massive Kränkungen in einer langjährigen Partnerschaft können z. B. sein:

- ein »Seitensprung«, der vom Paar nicht miteinander verarbeitet wurde,
- dauerhafte Vernachlässigung eines Partners und seiner Wünsche,
- dauerhafter Mangel an Aufmerksamkeit und Achtsamkeit,
- dauerhafte Verweigerung von Nähe, Sex und Intimität,

- häufige Lieblosigkeit,
- häufiges entwürdigendes und entwertendes Verhalten,
- häufige Demütigungen und Vorwürfe,
- ständiges Misstrauen und Kontrollzwang,
- häufige offene und versteckte Provokationen,
- verbale und körperliche Übergriffe.

Offene Rechnungen begleichen, alte Wunden heilen: Kleine Anleitung für das Verzeihen

Fast jedes Paar hat offene Rechnungen miteinander und schleppt unverarbeitete Konflikte mit sich herum. Schon deshalb sollte man sich gelegentlich mit der Vergangenheit beschäftigen. Besonders, wenn es darum geht, das Fundament für weitere gemeinsame Jahre zu gießen, sollten alte Zwistigkeiten und Kränkungen miteinander geklärt werden. Machen Sie also jetzt reinen Tisch miteinander! Das wühlt zwar zunächst alten Staub wieder auf, kann aber eine Partnerschaft auf Dauer entlasten und beleben.

Prüfen Sie also:
- Was hat mich in unserer Partnerschaft besonders gekränkt? Was hängt mir noch nach?
- Wie und womit habe ich meinen Partner/meine Partnerin besonders gekränkt?
- Wie sind wir damit umgegangen?
- Was muss als Thema nochmals auf den Tisch, damit ich meinen Frieden damit finden kann?
- Was muss für meinen Partner/meine Partnerin nochmals auf den Tisch, damit er/sie seinen Frieden damit finden kann?

Kommen Sie über diese Fragen miteinander ins Gespräch.
Achten Sie bitte darauf, dass Sie genug Zeit und Ruhe haben und nehmen Sie sich zunächst ein einziges Thema vor.

Anmerkung: Nutzen Sie diese Übung bitte keinesfalls, um in einem Rundumschlag à la »Was ich dir schon immer mal sagen wollte« alles auf den Tisch zu packen, was Sie an Ihrem Partner schon immer gestört hat. Suchen Sie sich hingegen gezielt die wichtigsten Themen aus, also das, was Sie vielleicht immer noch als schmerzliche offene Wunde empfinden und was sozusagen »obenauf« liegt.

Erster Schritt: Teilen Sie Ihrem Partner mit, was genau Sie gekränkt hat
Sprechen Sie alte, unverheilte Verletzungen innerhalb der Partnerschaft unbedingt an. Es nutzt nichts, solche Gefühle herunterzuspielen oder zu verstecken. Sie werden zwar oft vermeintlich erfolgreich verdrängt und tauchen im Alltag dann nicht mehr häufig auf. Sie verlieren aber dadurch nicht an Kraft und Wucht. Im Gegenteil: Alles, was wir an Verletzungen unverarbeitet wegstecken, kommt irgendwann später als Rachelust oder Aggression wieder zum Vorschein. Und dann ist es für eine gemeinsame Bereinigung oder Klärung oft zu spät. Geben Sie also Ihrem Gefühl angemessen viel Raum. Nehmen Sie Ihre Kränkung ernst und teilen Sie Ihrem Partner mit, was Ihnen wehgetan hat. Beachten Sie dabei folgende Punkte:

- Achten Sie bitte darauf, keine Vorwürfe zu machen. (Also nicht: »Du bist unfair zu mir gewesen, merkst du das gar nicht?«, sondern: »Ich habe das als sehr unfair erlebt.«)
- Reden Sie *von sich* und nicht *über den anderen.*
- Benennen Sie sehr konkret, was das Verhalten Ihres Partners bei Ihnen ausgelöst hat; z.B.: »Ich war durch deine Worte irritiert«, oder: »Ich war sauer/wütend/traurig, weil …«
- Muten Sie Ihrem Partner Ihre Gefühle zu und sorgen Sie dafür, dass Sie gehört werden, auch wenn er sich lieber das Thema vom Hals halten möchte: »Ich möchte, dass du registrierst, was du mit deinem Verhalten bei mir ausgelöst hast. Es ist mir wichtig, dass wir das miteinander klären.«

Zweiter Schritt: Die Verletzung anerkennen
Wichtig ist nun, dass der Partner bereit ist, die Verletzung des anderen anzuerkennen, und nicht versucht, dem Verletzten diese Gefühle auszureden. Sätze wie »Du bist einfach zu empfindlich« oder »Das hab ich doch so gar nicht gemeint« sind wenig hilfreich. Im Gegenteil: Sie vermitteln demjenigen, der sich ohnehin schon verletzt fühlt, auch noch zusätzlich das Gefühl, nicht so empfinden zu dürfen, wie er nun aber mal empfindet. Das bedeutet eine zusätzliche Kränkung. Jeder Mensch möchte sich mit seinen Gefühlen ernst genommen und angenommen fühlen.

Ebenso wenig hilfreich ist es, wenn der »Verletzer« darauf verweist, dass er seinen Partner doch nicht kränken wollte. Das mag zwar stimmen, es ist aber trotzdem geschehen! Immerhin sind seelische Kränkungen hoch subjektiv, und kein Mensch kann beurteilen, ob dieses Gefühl nun berechtigt ist oder nicht. Jeder hat seine wunden Punkte, an denen er besonders verletzbar ist.

Der »Verletzer« sollte also unbedingt hinhören und den Schmerz des anderen anerkennen, auch wenn es schwerfällt und möglicherweise das eigene Selbstbild ins Schwanken bringt. »Ich sehe, dass ich dich gekränkt habe«, ist ein sehr heilsamer Satz. Jemand, der diesen Satz aussprechen kann, erkennt den Kummer des anderen an, statt ihn weg- oder kleinreden zu wollen.

Vielleicht kennen auch Sie die Situation, dass Menschen immer wieder mit denselben alten Geschichten und Vorwürfen aufwarten. Der Partner kann darauf genervt reagieren und unwirsch verlangen, nicht mehr diese »ollen Kamellen von vorgestern« aufzuwärmen. Wenn auch Sie einen solchen partnerschaftlichen Dauerbrenner haben, dann ist das ein sicherer Hinweis darauf, dass dieser »Dauerbrenner« emotional noch an einem Partner nagt und noch nicht ausreichend bearbeitet wurde. Manchmal braucht es einfach auch hier nur die annehmenden Worte: »Ich weiß, dass ich dir damit damals sehr wehgetan habe.« Diese Worte können auch nachträglich noch hochwirksamer Balsam für die Seele sein. Vorausgesetzt, sie sind ernst gemeint und nicht nur um des lieben Friedens willen leichtfertig dahergesagt.

Dritter Schritt: Um Entschuldigung bitten
Im nächsten Schritt wäre es dann wichtig, wenn der »Verletzer« für sein Verhalten um Entschuldigung bitten könnte. Auch das hilft dem Verletzten, seine Wunden heilen zu lassen. »Es tut mir leid, dass ich dich mit meinem Verhalten damals so gekränkt habe. Ich bitte dich um Entschuldigung.«

Es kommt uns manchmal altmodisch und unwürdig vor, uns vor unserem Partner so zu entblößen. Und doch signalisiert diese Geste nicht nur Verständnis und Mitgefühl für den gekränkten Partner, sondern sie stellt in gewisser Weise auch seine Würde wieder her. Insofern ist es in Partnerschaften sehr wichtig, hin und wieder um Entschuldigung zu bitten, wenn man den anderen gekränkt hat. Es ist dabei ganz gleichgültig, ob man dies bewusst oder unbewusst getan hat.

Übrigens: Man kann in der Tat nur *um Entschuldigung bitten,* es ist nicht möglich, sich selbst zu entschuldigen, auch wenn die Umgangssprache dies suggeriert. Ob der andere diese Entschuldigung annimmt und seinerseits zu verzeihen bereit ist, ist dann wiederum seine Entscheidung. Gehen Sie also nicht davon aus, dass ein Thema automatisch von Tisch ist, wenn Sie um Entschuldigung gebeten haben. Es ist erst dann endgültig vom Tisch, wenn Ihr Partner sich seinerseits bereit zeigt, Ihnen zu verzeihen.

Vierter Schritt: Die Verhaltensweise des anderen verstehen lernen
Es ist durchaus sinnvoll, auch über Vorkommnisse, die in den letzten Jahren geschehen sind, noch einmal zu reden, wenn deren Folgen sich bis heute negativ auf unsere Partnerschaft auswirken. So kann es hilfreich sein, sich die Situationen zu vergegenwärtigen, in denen die Wunden entstanden sind, und sich jeweils auch die Perspektive des anderen anzuschauen. Manchmal relativiert sich dann der eigene Blick auf das Geschehen, was dann wiederum auch die eigenen Gefühle verändern kann.

Ein Beispiel:

Frau P. litt seit geraumer Zeit darunter, dass ihr Mann beruflich so stark eingespannt und häufig abwesend war. Sie fühlte sich mit den drei halbwüchsigen Kindern plus Haushalt plus Halbtagsjob überfordert und vermisste außerdem gemeinsame Zeit mit ihrem Mann. Eines Abends sagte sie lachend zu ihm: »Ich freue mich jetzt schon darauf, wenn du mal in Rente gehst! Dann haben wir endlich mal Zeit füreinander!« Ihr Mann reagierte darauf sehr laut und unwirsch: »Du glaubst doch nicht etwa, dass ich mich im Rentenalter hier neben dich auf die Couch setze und Däumchen drehe!? Nie und nimmer!« Frau P. war sehr überrascht und erschrocken von der Heftigkeit seiner Reaktion und seiner Abwehr. Sie war tief gekränkt, weil sie das Gefühl hatte, ihr Mann habe weder jetzt noch später Interesse daran, Zeit mit ihr zu verbringen. Er versicherte ihr zwar mehrfach: »Nein, das hab ich so aber nicht gemeint!«, konnte sie damit aber nicht dauerhaft beruhigen. Was er aber eigentlich unbewusst zum Ausdruck gebracht hatte, konnte er zunächst auch nicht formulieren.

Frau P. war nachhaltig aufgewühlt von dieser Situation. Sie konnte diese Begebenheit nicht einfach so stehen lassen und sprach ihren

Mann immer wieder darauf an. Erst nach mehreren Jahren und vielen Gesprächen kam Herr P. langsam dahinter, warum er seinerzeit so heftig auf die Worte seiner Frau reagiert hatte: Da er sich selbst stark über seinen beruflichen Erfolg definierte und daraus den Großteil seines Selbstwertgefühls bezog, machte ihm die Vorstellung, diesen entbehren zu müssen, schlagartig Angst. Zudem war er in einer Familie aufgewachsen, in der überwiegend Stagnation herrschte, die er schon als Kind als einengend und bedrohlich für seine Persönlichkeitsentwicklung empfunden hatte. Auch die Vorstellung von Stillstand, die er mit dem Begriff »Rente« verband, ließ in ihm panikartige Gefühle hochkommen, die ihn dazu verleiteten, so heftig abwehrend auf Frau P.s Äußerung zu reagieren.

Herr P. konnte seiner Frau erst nach längerer Zeit glaubhaft vermitteln, dass seine heftige Reaktion wenig mit ihr oder mit mangelnder Zuneigung, aber umso mehr mit seiner eigenen Familiengeschichte und seinen eigenen Ängsten zu tun hatte.

Fünfter Schritt: Verzeihen und loslassen
Im nächsten Schritt wäre dann der Verletzte wieder am Zug, indem er seinem Partner aktiv verzeiht. Das kann ihm je nach gefühlter Intensität der Kränkung mal leichter oder mal schwerer fallen. Insbesondere bei massiven Vertrauensbrüchen und/oder »Seitensprüngen« brauchen Partner oft viel Zeit und Kraft, um diese bearbeiten und verzeihen zu können.

Dem Partner etwas zu verzeihen, bedeutet auch, ihn aus der Rolle des »Schuldigen« zu entlassen und seine eigene Opferrolle aufzugeben. Das ist insofern kein leichter Schritt, als man damit auch eine gewisse Machtposition aufgibt: Denn der »Verletzer« ist moralisch betrachtet in der Bringschuld, also in einer submissiven Position. Wenn der Verletzte ihm nun vergibt, so ist die Gleichwertigkeit zwischen beiden wiederhergestellt.

Will jemand allerdings das Machtgefälle zwischen den Partnern aufrechterhalten, indem er sich selbst dauerhaft zum Opfer stilisiert und den anderen zum Schuldigen, also zum Täter erklärt, so wird er wohl auch nicht aufrichtig verzeihen können.

Nachdem Frau P. die Reaktion ihres Mannes besser nachvollziehen konnte, war ihr auch möglich, die Vorstellung loszulassen, er habe kein Interesse an ihr und liebe sie womöglich gar nicht richtig. Sie konnte ihm dann auch seine als lieblos und aggressiv empfundene Reaktion »verzeihen«. So hatten die Partner beide dafür gesorgt, das Problem aus dem Weg zu schaffen.

Wie kann ich dir helfen, mir zu verzeihen? Wie Wiedergutmachung geht

Wenn es dem verletzten Partner offensichtlich schwerfällt zu verzeihen, könnte der Partner ihm Hilfe in Form einer Wiedergutmachung anbieten. Dieser Akt kann beiden Beteiligten helfen, die Sache zu bereinigen und endgültig ad acta zu legen.

Vorteile der Wiedergutmachung sind:

• Der Verursacher der Verletzung kann tatkräftig unter Beweis stellen, dass ihm das Geschehene leidtut, und fühlt sich nicht mehr hilflos dem guten Willen des Partners ausgeliefert. Er kann aktiv etwas dazu beitragen, dass sich der Verletzte ihm wieder zuwenden kann.

• Der Verletzte spürt, dass der Partner es mit seiner Entschuldigung ernst meint und bereit ist, aktiv etwas für die Versöhnung zu tun.

Wichtig bei dem Akt der Wiedergutmachung ist,

• dass der Verletzte sich etwas überlegt, das ihm beim Verzeihen helfen könnte,

• dass er diese Möglichkeit nicht missbraucht, um dem anderen eine »Strafe aufzuerlegen« oder ihm »eins reinzuwürgen« (»Du musst jetzt jeden Tag das Bad putzen!«),

• dass die Forderung des Verletzten realistisch und vom Partner auch umsetzbar ist. Die gewünschte Wiedergutmachungsaktion muss also überschaubar sein und ein klares Ende haben.

Unrealistische und überzogene Widergutmachungsforderungen wie: »Versprich mir, dass du nie wieder zu spät kommst!«, oder: »Ich wünsche mir, dass du in Zukunft immer ...«, funktionieren nicht. Durch diese Forderung bleibt der Verletzer weiterhin in seiner unterlegenen Position, also in der Position des Schuldners und Büßers. Das Verzeihen dient aber genau dem Zweck, ihn bewusst aus dieser Position zu entlassen, damit sich beide Partner wieder auf Augenhöhe begegnen können und das Beziehungskonto ausgeglichen wird. Wer also überzogene Forderungen an seinen Partner stellt, die dieser kaum umsetzen kann, ist offensichtlich (noch) nicht bereit, wirklich zu verzeihen.

Zwei Beispiele für gelungene Wiedergutmachungen:

Frau G. ist mit ihrem Mann zu einem Theaterbesuch verabredet, auf den sie sich schon seit Wochen gefreut hat. Kurz vorher muss er den Termin wegen einer beruflichen Krisenbesprechung absagen. Sie ist wütend, verletzt und fühlt sich »sitzen gelassen«, vor allem weil es nicht das erste Mal ist, dass er aus beruflichen Gründen eine Verabredung mit ihr platzen lassen musste.

Er bittet sie am nächsten Tag um Entschuldigung, sie kann es aber nicht so einfach »wegstecken«. Auf die Frage, wie er das wiedergutmachen könne, überlegt sie eine Weile und sagt dann: »Ich würde mich freuen, wenn du mich am Wochenende zum Essen einlädst.« Dies tat Herr G. auch, und seine Frau konnte sich mit dem Ausfall des Theaterbesuchs besser abfinden.

Herr P. kommt beschwingt von einer Betriebsveranstaltung nach Hause und erzählt seiner Frau von einem interessanten Gespräch, das er mit einer Kollegin geführt hat. Frau P. fängt an zu sticheln, wird provokativ und beginnt das, was Herr P. ihr erzählt, durch den Kakao zu ziehen und die Kollegin lächerlich zu machen. Herr P. wird daraufhin wütend, springt auf und zieht sich in sein Zimmer zurück.

Frau P. merkt nach einer Weile, was in ihr vorgegangen ist, und klopft beherzt an seine Tür. Als sie hereingebeten wird, sagt sie: »Es tut mir leid, dass ich deine Erzählungen so runtergemacht habe. Ich kann verstehen, dass du jetzt sauer bist, es tut mir leid. Ich glaube, ich war einfach eifersüchtig und neidisch. Wie kann ich das jetzt wiedergutmachen, damit du mir nicht mehr böse bist?« Herr P. sagt darauf nach einer Weile schmunzelnd: »Okay, Schatz, wie wäre es mit einer kleinen Versöhnungs-Entspannungsmassage?«

Von solchen kleinen »Wiedergutmachungsdeals« profitieren also beide Partner. Vorausgesetzt, sie halten sich an die oben genannten Regeln.

Vergebung – kleines Wort mit großer Bedeutung

Etwas anderes als Verzeihen ist das Vergeben. Während sich das Verzeihen auf eher »kleinere« Verletzungen bezieht, so bezieht sich das Vergeben auf große seelische Erschütterungen, wie etwa auf erlittenes Unrecht oder tiefe Kränkungen, die das eigene Weltbild und wichtige moralische Grundwerte verletzt haben. Unternimmt ein Partner zum Beispiel etwas, das die bisher immer hochgehaltenen Werte der Beziehung verletzt, kann das dem Partner den Boden unter den Füßen wegziehen und ihn in eine tiefe Krise stürzen. Ein Klassiker ist das »Fremdgehen« eines Partners, das das Gebot der Treue unterläuft und damit für viele Menschen einen hochgradigen Vertrauensverlust bedeutet.

Beim Vergeben geht es anders als beim Verzeihen nicht darum, einen beziehungstechnischen Kontoausgleich vorzunehmen, sondern eher darum, auf einen solchen bewusst zu verzichten. Darum ist es auch ungleich schwieriger zu vergeben, als zu verzeihen.

Vergebung

- ist ein freiwilliger Akt;
- ist ein einseitiger und auch möglicherweise einsamer Prozess;
- ist ein eher stiller Akt, über den nicht ständig oder womöglich gar nicht gesprochen wird;
- ist keine gefühlsmäßige Reaktion, sondern ein bewusster Akt;
- basiert nicht auf Verdrängung oder Ignoranz, sondern auf Großmut und Menschlichkeit;
- kann man nicht einfordern oder einklagen. Ob ein Partner einem anderen das erlebte Unrecht vergeben möchte, ist ganz allein seine Entscheidung.

Jemand, der das Unrecht, das ein anderer ihm angetan hat, vergibt, ist bereit, auf bestimmt Ansprüche zu verzichten und entlastet sich selbst, indem er sich aus der Opferrolle begibt. Etwas zu vergeben ist ein hochkomplexer seelischer Prozess, der seine Zeit braucht.

Liebesaffären und Co: Schicksal oder Chance?

Es gibt wenige Ereignisse, die Partnerschaften so nachhaltig erschüttern wie die Liebesaffäre eines Partners. Wenn ein Partner erfährt, dass der andere ihn »betrogen« hat, bricht für ihn oft eine Welt zusammen. Eifersucht und Verzweiflung, aber auch Wut und Hilflosigkeit machen sich beim »Betrogenen« breit. Die meisten Paare, die in Paartherapie landen, kommen ursprünglich wegen einer außerehelichen Beziehung eines Partners und auf Betreiben des »Betrogenen« hin.

Oft ist dem »Fremdgeher« zunächst seine eigene Motivation für die Affäre gar nicht klar und er gibt an, es sei eben einfach so gekommen, er/sie könne gar nichts dafür, es sei einfach passiert, er/sie habe das gar nicht vorgehabt. Er stilisiert sich so praktisch zum Opfer des Schicksals, zum Opfer seiner Gefühle oder gar der Hormone. Und in der Tat weiß er zu diesem Zeitpunkt oft nicht, wie es dazu kommen konnte, was er selbst vielleicht unbewusst dazu beigetragen hat und was das Ganze vielleicht mit seiner Partnerschaft zu tun hat.

Der betrogene Partner kann sich meist mit lapidaren Antworten wie »Ich weiß auch nicht, wie es dazu kommen konnte« nicht zufrieden geben und bohrt frei nach dem Motto »Was hat sie/er, was ich nicht habe?« weiter nach den Motiven des anderen. Oft allerdings ohne Erfolg.

In der Beratung kommen dann im Laufe der Zeit oft überraschende Erkenntnisse auf den Tisch. So kann der »Fremdgeher« meistens im Rückblick erkennen, was ihm in der Partnerschaft über einen längeren Zeitraum gefehlt hat und welche Veränderungen er gebraucht hätte, um weiterhin treu bleiben zu können. Erst in der Begegnung mit der neuen Person wird er mit seinen verschütteten Bedürfnissen konfrontiert (»Ich fühlte mich endlich mal wieder attraktiv, als Mann/Frau wahrgenommen, da ist jemand, der sich an mir interessiert zeigt/mit dem ich mich austauschen kann ...«).

Und der »Betrogene« kann im Laufe der Beratung oft auch ebenso erkennen, dass er nicht nur das hilflose Opfer ist, sondern auch etwas mit dem »Fremdgehen« des Partners zu tun hat.

Ein Beispiel:

Frau H. und Herr G. sind seit 13 Jahren ein Paar. Sie haben drei Kinder und wohnen in einem kleinen Reihenhaus am Stadtrand. Eines Tages eröffnet Herr G. seiner Frau, dass er seit ein paar Monaten eine Geliebte hat und demnächst ausziehen möchte. Frau H. fällt aus allen Wolken, zumal sie auch keinerlei Verdacht gehegt hatte. Sie fällt in tiefe Verzweiflung, und auf ihr Drängen hin zeigt sich Herr G. bereit, seinen Entschluss zu überdenken und mit ihr zu einer Paarberatung zu gehen. In dieser Beratung zeigt sich, dass Herr G. sich schon seit einer ganzen Weile von seiner Frau überhaupt nicht mehr begehrt und auch nicht wahrgenommen gefühlt hat. »Du hast ja noch nicht mal nachgefragt, wo ich abends hingehe, also bekam ich immer mehr das Gefühl, dass ich dir total egal bin«, wirft er ihr vor. Außerdem beschreibt er, dass er sich seiner Frau intellektuell immer unterlegen und sich auch oft durch abschätzige Bemerkungen von ihr entwertet gefühlt hat.

Frau H. war sich dessen nie bewusst gewesen, musste aber zähneknirschend zugeben, ihn wohl unbewusst oft »von oben herab« behandelt zu haben. Es fiel ihr sehr schwer, sich nicht nur als »betrogene Ehefrau« und »Opfer« zu sehen, sondern auch als »Täterin« im Sinne von »Verletzerin«.

Frau H. und Herr G. bearbeiteten diese Thematik gründlich miteinander in der Beratung, sie weinten viel und baten sich gegenseitig um Verzeihung. Herr G. brach nach einer Weile die Beziehung zu seiner Geliebten ab.

Vielleicht sind »Seitensprünge« nicht immer zwangsläufig ein Ausdruck von Partnerschaftskrisen. Meistens jedoch ist eine außereheliche Liebesaffäre ein Indikator dafür, dass ein Partner in der Beziehung etwas vermisst, was er nun woanders zu finden hofft. Häufig sind Affären auch die Reaktion eines Partners auf den mangelnden Veränderungswillen des anderen. Oder er versucht damit eine emotionale Unterversorgung wie etwa Mangel an Zuwendung, Aufmerksamkeit, Wertschätzung oder erotischer Bestätigung zu kompensieren. Manchmal wird eine Affäre auch nur dazu benutzt, um möglichst tränenlos aus einer Beziehung auszusteigen, die jemand innerlich ohnehin schon längst aufgekündigt hat. Der offizielle Trennungsgrund ist dann nicht: »Ich habe mich bewusst entschieden, dich zu verlassen«, sondern: »Ich habe mich halt in jemand anderen verliebt. Dafür kann ich nichts!« Die Affäre dient in diesem Fall einerseits dazu, sich aus der Partnerschaft zurückzuziehen, aber auch dazu, sich die genaueren Hintergründe des Scheiterns in der Beziehung nicht anschauen zu müssen. Die Wahrscheinlichkeit, dass dieser Partner eigene ungelöste Probleme in die nächste Beziehung mitnehmen wird, ist deshalb sehr groß – eine Tatsache, die den Verlassenen freilich nun auch nicht trösten wird.

Wenn ein »Seitensprung« die Beziehung belastet: Wie konnte es dazu kommen?

Wenn auch Sie mit dem Thema »Seitensprung« zu tun haben und um Klärung bemüht sind, sollten Sie sich mit folgenden Fragen beschäftigen:
* Wie war die Partnerschaft einige Monate vor der Liebesaffäre?
* Welche Probleme hatten wir in dieser Zeit?
* Welche Konflikte gab es zu dieser Zeit?
* Hatte sich etwas Wichtiges verändert?
* Welche Probleme gab es, die wir in dieser Zeit unter den Teppich gekehrt haben?
* Wer hat wann etwas nicht angesprochen, obwohl es vielleicht nötig gewesen wäre?

- Wer hat was vermisst?
- Was hätte innerhalb der Partnerschaft passieren müssen, um die Affäre vielleicht verhindern zu können?

Wenn Sie mit diesen Fragen alleine nicht weiterkommen, wenn Sie sich immer wieder in Spiralen von Vorwürfen und Rechtfertigungen wiederfinden oder einfach nicht in Ruhe miteinander reden können, ohne dass es ordentlich »kracht«, dann kann eine Paarberatung oder -therapie sehr hilfreich sein.

Versöhnung nach einem »Seitensprung«. Oder Trennung?

Natürlich ist es möglich, nach dem »Seitensprung« eines Partners ein Paar zu bleiben. Im besten Falle haben beide Partner etwas voneinander verstanden, was sie vorher noch nicht verstanden hatten. Damit sich das Zusammenleben aber nicht wie ein »fauler Kompromiss« anfühlt, sondern auch gute Aussichten auf Erfolg hat, müssen einige Voraussetzungen erfüllt sein:

- Beide Partner müssen die Partnerschaft weiterführen wollen – aus Überzeugung und nicht aus falschem Mitleid, Schuldgefühlen oder »der Kinder wegen«;
- die Affäre muss beendet werden, um der Partnerschaft eine neue Chance zu geben;
- der »Fremdgeher« sollte die Kränkung seines Partners anerkennen und ihn/sie um Entschuldigung bitten;
- die Hintergründe der Affäre sollten möglichst offen miteinander geklärt und besprochen werden, ebenso die aktuellen Wünsche aneinander, eventuell auch mithilfe einer Paarberatung;
- der »Betrogene« sollte sich bemühen, die Gleichwertigkeit in der Beziehung wiederherzustellen; ist er nicht willens oder in der Lage, dies zu tun, hält er den Partner stets in der »Büßerposition«. Ein solches Ungleichgewicht der Machtverhältnisse aber ist wiederum Gift für die Beziehung und führt vermehrt zu Rache- oder Ausbruchsgelüsten.

Manche Paare verkraften aber einen solchen »Seitensprung« und die damit auftretenden Irritationen nicht. Das kann dann der Fall sein,
- wenn die gemeinsame Vertrauensbasis der Partner nicht reicht, um gemeinsam die Hintergründe der Affäre offen zu beleuchten;

- wenn der »Fremdgeher« innerlich schon längst aus der Beziehung ausgestiegen ist, kein Interesse am Partner mehr zeigt und die/der Geliebte nur die Trennung erleichtern soll;
- wenn seitens des »Fremdgehers« keine Einsicht vorhanden ist, den Partner verletzt zu haben;
- wenn der »Fremdgeher« keine Bereitschaft zeigt, an der Partnerschaft zu arbeiten, und nicht willens ist, in der Zwischenzeit die Affäre eine Weile ruhen zu lassen;
- wenn seitens des »Betrogenen« kein Interesse daran besteht, nach den Hintergründen zu suchen und auch das eigene Verhalten zu reflektieren;
- wenn der »Betrogene« den »Fremdgeher« nur als Schuldigen und sich selbst nur als Opfer zu betrachten vermag und nicht willens und bereit ist, ihm zu verzeihen.

Manche Paare ziehen aus einem »Seitensprung« allerdings ganz andere Konsequenzen: Sie steigen aus dem Ideal der monogamen Ehe komplett aus und erschaffen sich bewusst andere Beziehungsregeln, z. B. solche, die außereheliche Beziehungen unter bestimmten Umständen gestatten. Das kann vor allem dann funktionieren, wenn beide Partner sich an die Regeln halten und sich gegenseitig »trotzdem« nahe und zugewandt bleiben können.

Eine solche Neuordnung muss allerdings unbedingt einvernehmlich geschehen und darf keinesfalls auf Kosten eines Partners gehen, der das eventuell nur mitmacht, um den anderen irgendwie zu »behalten«.

Wenden wir uns nach dieser Reise in Ihre gemeinsame Vergangenheit nun wieder der Gegenwart zu: Im folgenden Kapitel geht es darum, bestimmte wiederkehrende Konfliktmuster Ihrer Partnerschaft zu beleuchten und an diesen konstruktiv zu arbeiten. Es bleibt also spannend.

5. Lieben und Streiten für Fortgeschrittene
Wie Paare ihre Grundkonflikte lösen und warum Harmonie überbewertet wird

Nicht nur Erfahrungen in der Therapie, sondern auch die im echten Leben zeigen, dass in allen gravierenden Umbruchs- und Belastungsphasen die Gefahr steigt, dass sich ein Paar trennt. Ob die Geburt eines Kindes, eine schwere Erkrankung oder der Tod eines Familienangehörigen, ob Wechseljahre oder *midlife crisis* und/oder der Auszug der Kinder: All das sind manchmal harte Prüfungen für ein Paar. Nun zeigt sich, wie gut die Partner miteinander umgehen können, wie bereit und wie weit sie in der Lage sind, zumindest phasenweise zurückzustecken und sich gemeinsam auf die neue, veränderte Situation einzulassen.

Auch ältere, erfahrene Paare sind vor Krisen nicht gefeit. Obwohl die Partner bereits auf eine verbindende und komplexe gemeinsame Geschichte zurückblicken können, so können auch sie von Sinnkrisen oder anderen Problemen heimgesucht und massiv durchgeschüttelt werden. Die Vorstellung, ein älteres Paar habe quasi automatisch so etwas wie »trennungsschützende Faktoren« erworben, ist also nicht ganz richtig.

Vielmehr haben sich viele langjährige Paare an bestimmte Beziehungs- und Verhaltensmuster einfach gewöhnt und hinterfragen deren Sinnhaftigkeit bzw. deren Funktion nicht mehr. Das aber bedeutet Stagnation, die das Gefühl von Leere hervorrufen kann. Haben sie zusätzlich noch einen Haufen unverarbeiteter Konflikte aus der gemeinsamen Vergangenheit im Gepäck, reicht die Verbundenheit vielleicht nicht mehr aus, um die Herausforderungen der neuen Lebensphase gemeinsam zu meistern.

Wer die Liebe aber wieder beleben oder sie einfach lebendig halten will, sollte jetzt bewusst schauen, welche Themen gerade anstehen, und diese gemeinsam angehen. Wenn Sie mithilfe des letzten Kapitels vielleicht angefangen haben, ihre Altlasten abzutragen (oder zumindest wissen, welche Themen da noch womöglich zu bearbeiten sind), können Sie sich nun den immer wiederkehrenden Konflikten Ihrer Partnerschaft zuwenden, die oft nach einem bestimmten Muster ablaufen. Hinter diesen Konfliktmustern verbergen sich oftmals die Grundkonflikte des Paares und auch die Grundkonflikte jedes Einzelnen, die es sich anzuschauen lohnt. Je mehr Sie über diese Grundthematik wissen, die Sie als Paar mit sich herumschleppen, desto besser können Sie sich aus festgefahrenen Verhaltensmustern befreien. Das Aussteigen aus diesen Mustern eröffnet völlig neue Sichtweisen auf sich selbst und seinen Partner und befördert ein vertieftes Verständnis füreinander. Und damit die Liebe.

Kommen Sie also miteinander ins Gespräch über Ihre »Dauerbrenner«:

- Sind es immer die gleichen Themen, über die Sie sich in die Wolle bekommen? Oder streiten Sie über unterschiedliche Themen, der Ablauf ist aber trotzdem ähnlich?
- Nach welchen Mustern läuft ein solches Streitgespräch ab?
- Mit welchen Gefühlen ist es meistens verbunden?
- Und: Worum geht es denn *eigentlich*, wenn Sie sich streiten?

Ein Beispiel:

Herr P. hatte seinem 16-jährigen Sohn, der am Wochenende entgegen der getroffenen Verabredung nicht pünktlich von einer Party nach Hause gekommen war, für die nächsten Tage Computerverbot auferlegt. Als er am Montagabend nach Hause kommt, sitzt der Sohn am PC und sagt völlig ungerührt: »Mama hat gesagt, ich darf.«

Daraufhin entspinnt sich ein heftiger Streit zwischen Herrn und Frau P. Herr P. wirft seiner Frau vor, seine väterliche Autorität zu unterlaufen und ihn vor seinem Sohn dadurch unglaubwürdig und lächerlich zu machen. Sie wiegelt ab und sagt: »Du kümmerst dich sonst auch nicht um die Erziehung, also misch dich da jetzt nicht ein. Computerverbot ist doch außerdem eine total blöde Strafmaßnahme.« Herr P. ist wütend, verlässt das Zimmer und zieht sich den Rest des Abends zurück.

Was sich hier abspielt, ist ein klassischer Machtkampf: Wer hat in diesem Haus etwas zu sagen? Doch wie ist dieser Machtkampf entstanden?

Dieser für das Ehepaar P. relativ typische Konfliktdialog basierte auf gegenseitiger Enttäuschung und mündete durch seine Wiederholung in einem Teufelskreis: Herr P. war oft aus beruflichen Gründen abwesend, aber auch aus anderen Gründen oft mental nicht präsent für seine Familie, was seine Frau sehr frustrierte. Sie fühlte sich durch sein Verhalten alleingelassen.

Wenn er sich nun in die Erziehung »einmischte«, die er in den letzten Jahren überwiegend ihr zugeschustert hatte, wertete sie sein Verhalten als

»unpädagogisch« ab und entmachtete ihn damit sozusagen als Vater. Diese Aggression speiste sich (unbewusst) aus ihrer Frustration. Herr P. fühlte sich dadurch herabgewürdigt, was ihn wiederum flüchten ließ. Damit ging das ganze Spiel dann von vorne los.

Problematische Kommunikationsmuster: Das bedeutsame Schweigen (nicht nur) der Männer

Besonders Männern eilt ja der Ruf voraus, nicht gerne viel zu reden, und schon gar nicht über Gefühle. Das stimmt aber nur zum Teil. Sicher sind Männer oft anders sozialisiert worden als Frauen und vielleicht sind sie weder Plappermäulchen noch Plaudertaschen. In Beratungen erlebt man auch tatsächlich immer wieder, dass Männer es zunächst nicht gewohnt sind, über ihre Empfindungen und Wünsche zu sprechen.

Eine andere Erfahrung ist aber auch, dass manche Frauen zwar viel reden, aber manchmal auch gerne »drum herum«. Reden *an sich* bedeutet also nicht zwangsläufig auch die Kommunikation wesentlicher Themen. Es gibt sowohl männliche als auch weibliche Menschen, die pausenlos reden und trotzdem irgendwie »sprachlos« sind.

In der Arbeit mit Paaren zeigt sich oft, dass Männer nach anfänglichen Zweifeln und Zögerlichkeiten sehr wohl in der Lage sind, konstruktiv an der Beziehung zu arbeiten und sich emotional zu öffnen. Oft brauchen sie regelrecht die Legitimation, sich zu äußern, wenn sie zum Beispiel das Gefühl haben, ihre Meinung habe ohnehin kein Gewicht.

Manchmal fühlen sich Männer auch unter Druck gesetzt, wenn ihre verbalakrobatisch begabteren Frauen sie immer wieder auffordern, nun »doch endlich auch mal etwas zu sagen«. Da ist es allemal leichter, sich wieder in die gewohnte Sprachlosigkeit zu flüchten. Mit Druck und Vorwürfen ist hier nicht viel zu erreichen.

Hier kann ein gangbarer Weg die bewusste Selbsteröffnung sein. Dabei geht es darum, etwas Wesentliches von sich zu zeigen, ohne eine entsprechende Gegenleistung oder eine besondere Reaktion zu erwarten. Etwa einen Wunsch zu äußern oder ein Gefühl zu beschreiben: »Ich fühle mich in unserer Partnerschaft manchmal unsicher ... / Ich wünsche mir, dass wir ...« Es gehört ein gewisser Mut dazu, weil Sie nicht sicher sein können, wie Ihr Partner darauf reagiert, Sie machen sich also verletzbar.

Wichtig ist dabei allerdings, dass Sie keinesfalls versteckte Du-Botschaften und Vorwürfe einbauen (»Es würde mir besser gehen, wenn du dich anders verhalten würdest«) oder Ihren Partner auf eine andere Weise manipulieren wollen. Überlegen Sie also sehr genau, was Sie sagen wollen. Bedenken Sie: Es geht nur darum, Ihrem Partner etwas von sich mitzuteilen, nicht darum, ihn zu etwas zu bewegen. (Eine erweiterte und ritualisierte Form dieser Kommunikationsform sind die Zwiegespräche, die Sie im Abschnitt »15 Tipps, um die Liebe lebendig zu halten und gemeinsam zu wachsen« in Kapitel 6 kennenlernen werden.)

Weiterhin ist es wichtig, auch genau zuzuhören, wenn der ansonsten stillere Partner etwas sagt, und sich vielleicht auch mal den ein oder anderen Kommentar zu sparen. Wenn der sprachgewandtere Partner nämlich anfängt, das Gesagte nach seiner Façon zu interpretieren, es für blöd zu erklären oder gar zu widerlegen, vergeht ja irgendwann jedem die Lust, sich mitzuteilen.

Der bekannte Kommunikationswissenschaftler Paul Watzlawick sagte einst sehr treffend: »Man kann nicht nicht kommunizieren.« Man sagt immer etwas, auch wenn man nichts sagt. Werfen Sie also auch einmal einen Blick auf Ihre gegenseitige nonverbale Kommunikation:

- Was sagt mein Partner, wenn er nichts sagt?
- Welche Signale sendet er mir nonverbal? Sind es Zeichen der Zugewandtheit oder eher der Abgewandtheit?
- Wie geht es mir damit? Was würde ich gerne thematisieren?
- Und was gefällt mir besonders gut?

Im Übrigen ist es auch ein häufiges Muster in Beziehungen, dass der eine zum drängenden Partner, der andere zum sich gedrängt fühlenden Partner wird. Hier sind beide Partner in ein Spiel miteinander verwickelt, das sich manchmal über Jahre hinweg einpendelt, ohne sich jemals zu ändern. Dass das Schweigen des einen aber auch oft etwas mit dem Tun des anderen zu tun haben kann, kann man am folgenden Beispiel gut sehen:

Herr und Frau P. kamen in Beratung, weil sie Probleme mit ihrer 11-jährigen Tochter hatten. Nachdem sich die Gespräche eine Weile lang um die Tochter und deren »schlechtes Benehmen« drehten, sprach die Beraterin die beiden auf den derzeitigen Stand ihrer Ehe an. Ratloses Schweigen machte sich breit. Es stellte sich heraus, dass dieses ratlose Schweigen sehr gut den Zustand ihrer Partnerschaft symbolisierte. Beide wussten nicht so recht, was sie sagen sollten. Aber beide hatten auch Angst, von dieser Ratlosigkeit und Leere zu sprechen. Auf die Frage, wie es ihnen denn miteinander ginge, wussten beide keine Antwort. Auf die Frage, worüber sie denn miteinander redeten, wenn die als problematisch erlebte Tochter mal kein Thema sei, fiel ihnen auch nichts ein. Im Laufe der Beratung wurde deutlich, dass Frau P. es schon lange aufgegeben hatte, etwas aus ihrem Mann »herauszukitzeln«. Er schien von ihren Fragen genervt zu sein und sich schnell von ihr bedrängt zu fühlen. Gleichermaßen stellte sich heraus, dass Herr P. unter dem Grundgefühl litt, ohnehin nicht viel zu melden zu haben, weil seine Frau so dominant sei und er in der Familie nur das fünfte Rad am Wagen. Er kannte diese schmerzlichen Gefühle aus seiner Kindheit.

Frau P. war von dieser Erkenntnis überrascht und fing im Alltag an, sich zu Hause ein bisschen in Zurückhaltung zu üben. Sie überließ ihm öfter die Tochter und konzentrierte sich mehr auf sich selber.

Herr P. lernte langsam, sich zu öffnen, und merkte, dass seine Frau wirkliches Interesse an seiner Gefühlswelt hatte, ohne diese kontrollieren zu wollen. Das hatte er in seiner Kindheit nicht kennengelernt, und er brauchte viel Zeit, um genug Vertrauen zu gewinnen. Das Paar kam aber langsam besser in Kontakt miteinander, ihre Partnerschaft wurde wieder lebendiger und fröhlicher. Und es geschah noch etwas, das in solchen Fällen sehr häufig passiert: Die Probleme mit der Tochter reduzierten sich schlagartig.

Lieber gar keine Kommunikation als Krach? Warum Dauerharmonie oft nur Vermeidungsverhalten ist

Befragt man Menschen danach, was ihnen in der Partnerschaft besonders erstrebenswert und wichtig erscheint, hört man häufig das Bedürfnis nach Harmonie. Laut Fremdwörter-Duden ist Harmonie »innere und äußere Übereinstimmung, Einklang, Eintracht, Einigkeit«.

Sich in einer hektischen, stressigen und wettbewerbsorientierten Gesellschaft nach ein bisschen privater Harmonie zu sehen, ist nur allzu verständlich. Die »glückliche Familie« aus vielen Werbespots ist unser Ideal: Wir lachen und sind entspannt miteinander, sind einfach rundherum zufrieden mit uns und der Welt, alles ist leicht und fröhlich.

Jeder, der in seinem Leben schon mal eine ernsthafte und tiefgehende Beziehung eingegangen ist, weiß, dass es im wirklichen Leben nur sehr selten echte Harmonie gibt. Natürlich gibt es hin und wieder Momente, in denen sich Eintracht einstellt und wir uns miteinander aufs Schönste verbunden und einig fühlen. Und diese innigen Momente sind hoch bedeutend und wichtig für uns und unsere Beziehung.

Doch Harmonie kann in einer lebendigen Partnerschaft kein Dauerzustand ein, weil die Lebendigkeit ja vom Austausch und von der Unterschiedlichkeit der Personen genährt wird. Differenzen wird es also immer dort geben, wo Menschen zusammenleben.

Wir alle wissen eigentlich auch, dass die Liebe eine hochambivalente Angelegenheit ist. Die meisten schlimmen Verbrechen werden innerhalb des engsten Familienkreises begangen; Mord unter Ehepartnern ist leider gar nicht so selten. Wir wissen von zahlreichen »Rosenkriegen«, dass aus der größten Liebe abgrundtiefer Hass werden kann, wenn die Vorstellungen, die ein Partner sich vom anderen gemacht hat, massiv enttäuscht werden. Rasende Wut und massive Rachegelüste entstehen am ehesten dort, wo einmal Liebe zu Hause war.

Doch ist Aggression auch in weit weniger spektakulärer Form in zwischenmenschlichen Beziehungen vorhanden, und das ist an sich kein Problem. Wichtig ist nur, wie wir mit diesen Aggressionen umgehen, ob wir sie überhaupt wahrnehmen oder sie ständig unterdrücken und womöglich umleiten. In der Kindererziehung gibt es das typische Phänomen, dass Mütter, die ihre ganz natürlichen Aggressionen ihren Kindern gegenüber dauerhaft abwehren, diese dann besonders »überbehüten«: Sie kompensieren ihr schlechtes Gewissen damit, dass sie ihrem Kind immer ein perfekte Mutter sein wollen. Solche umgeleiteten, unterdrückten Aggressionen schaden aber der Beziehung, denn ein Kind wird seinerseits auch keine Aggressionen gegen diese Mutter äußern dürfen. Wird es dann aufmüpfig und abwehrend der überbehütenden Mutter gegenüber, so wird die Mutter dies strikt unterbinden wollen und sein Verhalten moralisch abwerten: »Ich gebe meinem Kind alles, und es ist so undankbar!«

Viele Menschen haben aber in ihrer Kindheit schon gelernt, dass Wut und Ärger »negative« und unerwünschte Gefühle sind, die man sich schnell abtrainieren und möglichst nicht zeigen sollte. Je mehr diese Gefühle dann unterdrückt werden, desto merkwürdigere Wege suchen sie sich. Manchmal kommen sie dann explosionsartig an unvermuteter Stelle hoch, oder sie werden in »verpackter« Form, z. B. als übertriebene Freundlichkeit, an den anderen weitergereicht. Das Schwierige an diesen verpackten Formen der Aggression ist, dass sie selten als solche erkannt und benannt werden, aber trotzdem ihre Wirkung zeigen, beispielsweise indem der Partner seinerseits aggressiv reagiert.

Menschen, die in ihrer Partnerschaft dauerhaft nach Verschmelzung und Harmonie suchen, kompensieren damit oft mangelhafte Bindungserfahrungen ihrer Kindheit: Die symbiotische Liebe, die die Mutter (oder der Vater) ihnen im Säuglings- und Kleinkindalter hätte geben müssen, ist ausgeblieben oder unvollkommen geblieben, und so leiden diese Menschen auch später als Erwachsene oft unter einem eklatanten Mangel. Manche Partner können diesen Mangel dann bis zu einem bestimmten Grad ausgleichen, indem sie den bedürftigen Partner »nachbeeltern«, ihm also etwas von der Nestwärme geben, die dieser nicht oder unzureichend bekommen hatte.

Dagegen ist natürlich nichts einzuwenden. Wenn Paare aber in diesem Verschmelzungsmuster gefangen sind, bleiben sie auch gleichermaßen auf bestimmte Rollen und Funktionen fixiert, die eine echte Begegnung auf Augenhöhe verhindern oder zumindest erschweren.

Wer in der Partnerschaft miteinander wachsen will, wird der Lebendigkeit den Vorrang vor der Harmonie einräumen müssen. Reibereien und Phasen der Konflikte gehören zum gemeinsamen Entwicklungsprozess dazu. Insofern ist die Abwesenheit von Streit keineswegs ein Zeichen einer glücklichen Beziehung, sondern eher Ausdruck von ausgeprägtem Vermeidungsverhalten. Ich mute mich dann meinem Partner nicht zu, zeige ihm meine Ecken und Kanten nicht, lasse mich nicht wirklich auf ihn ein. Wen will ich damit schonen? Meinen Partner? Vielleicht. In erster Linie schonen wir aber uns selbst vor unliebsamen Entdeckungen oder der Beschäftigung mit unangenehmen Themen.

Das eigene Harmoniebedürfnis prüfen

Wenn Sie in Ihrer Partnerschaft also auch dazu tendieren, es immer harmonisch haben zu wollen, könnten für Sie vielleicht folgende Fragen relevant sein:

- Welche Harmonisierungsmechanismen haben wir in unserer Partnerschaft entwickelt? Was vermeiden wir damit?
- Welche Ängste stecken dahinter, dass ich mich meinem Partner nicht zeigen und öffnen möchte?
  - Was könnte schlimmstenfalls passieren, wenn wir diesen Schutzschild der Scheinharmonie mal fallen lassen würden?
  - Sind diese Befürchtungen realistisch? Oder basieren sie eher auf Erfahrungen in meiner Kindheit?

- Welche früheren negativen Erfahrungen lassen mich davor zurückschrecken?
- Weiß mein Partner davon? Sind wir im Gespräch darüber?

Konflikte: Warum beide Partner »Recht« haben

Wir sind alle leicht geneigt, in Schwarz-Weiß-Mustern zu denken. Entweder etwas ist gut oder etwas ist schlecht. Entweder man liebt sich oder man liebt sich nicht. Entweder man kann sich aufeinander verlassen oder eben nicht. Entweder man selber hat recht oder der andere. So einfach ist aber weder das Leben noch die Liebe. Hier gibt es unendlich viele Nuancen und (vermeintliche?) Widersprüche, die wir oft gar nicht erfassen, weil uns die einfachere Unterteilung in Polaritäten wie gut/böse, richtig/ falsch, im Recht/im Unrecht sein, schuldig/unschuldig das Leben ein bisschen leichter erscheinen lässt.

Diese recht schematische Einteilung dient in erster Linie aber auch oft dazu, sich selber ins Recht und den anderen ins Unrecht zu setzen. Besonders, wenn ich eine reine Weste behalten möchte, schiebe ich dem Partner gerne den Schwarzen Peter zu: Wenn ich im Recht bin, kann mein Partner ja schließlich nicht auch im Recht sein! Wenn ich mit meiner Argumentation richtigliege, kann er ja nur Blödsinn reden. Stimmt aber nicht. Denn eine einzige, allgemeingültige Wahrheit gibt es gar nicht. Die Wahrheiten verschiedener Personen nebeneinander stehen und gelten lassen zu können, ist durchaus eine Kunst, die es einzuüben gilt. Ein Beispiel:

Frau F. erzählt in der Beratung von einem Streit mit ihrem Mann. Der habe in einem Streit eine Vase an die Wand geworfen. »Unmöglich« findet sie das, und vor allem »total unangemessen«. »Dabei hab ich ihm nur gesagt, dass er das Klo nicht richtig geputzt hat! Und das stimmt nun wirklich. Jeder andere würde bestätigen, dass ich recht habe. Ich weiß nicht, warum er sich so aufregt, wenn ich ihm doch nur die Wahrheit sage!«
Frau F. hat offensichtlich keine Ahnung und auch keinerlei Gespür dafür, warum ihr Mann anlässlich einer »Wahrheit« so ausrasten kann. Er habe ihrer Ansicht nach falsch reagiert, und sie sieht nicht, dass sie selbst irgendeinen Anteil an seiner Reaktion haben könne. Sie beharrt darauf, dass sie Recht habe, dass es sich hier um eine »objektive Wahr-

heit« handele, die er nur nicht hören wolle. Sie hat nicht das Gefühl, irgendetwas Unrechtes getan zu haben, und pocht darauf, dass sie das richtig sieht und seine Sichtweise falsch sei.

Erst bei einer genaueren Analyse der Geschehnisse dämmert ihr langsam, was genau geschehen war und dass ihr Mann sich mit ihrer als kalt und lieblos empfundenen Kritik an das »ewige Gemecker« seiner Mutter erinnert gefühlt hatte. Er fühlte sich in die Ecke gedrängt, wie ein kleines Kind gegängelt und verfiel in ein starkes Ohnmachtsgefühl, was darin gipfelte, dass er die Vase an die Wand warf. Am liebsten – so sagte er – hätte er seiner Frau eine Ohrfeige gegeben, aber die Vase war die »bessere Lösung«. Und im Übrigen – so stellte sich weiterhin heraus – wäre die eigentlich richtige Adressatin der (fiktiven) Ohrfeige die Mutter gewesen, die ihren kleinen Sohn damals regelrecht malträtiert hatte.

Im Laufe der Beratung wurde Frau F. klar, dass es nicht in erster Linie um »objektive Wahrheiten« und »Rechthaben« geht, sondern darum zu versuchen, die unterschiedlichen subjektiven Sichtweisen immer mal wieder miteinander abzugleichen und darüber ins Gespräch zu kommen.

In Beziehungsangelegenheiten gibt es also keine objektiven Wahrheiten. Das, was wir selbst als Wahrheit oder Wirklichkeit konstruieren, ist ein Resultat unserer ganz subjektiven Wahrnehmung. Unsere Wahrnehmung ist aber stark daran ausgerichtet, was wir in unseren früheren Beziehungen erlebt haben. Je mehr wir bereit sind, auch die Wahrnehmung anderer Menschen in unser Weltbild einfließen zu lassen, desto komplexer und weniger egozentrisch wird unsere Sicht der Dinge sein.

Auch in der Partnerschaft gilt es also, die eigene subjektive Wahrheit mit der Wahrheit des Partners abzugleichen und zu ergänzen. Erst wenn wir prinzipiell gewillt sind, die Wahrnehmung des anderen als ebenso wichtig und »richtig« zu erleben, können sich echtes wechselseitiges Verständnis und gegenseitige Akzeptanz entwickeln. Das nährt und vertieft die Liebe.

Ebenso gilt es, in der Liebe – wie auch im restlichen Leben – Ambivalenzen und Widersprüche auszuhalten. Nur weil wir uns ab und zu nerven oder Aggressionen aufeinander haben, heißt das doch nicht, dass wir uns weniger lieben! Im Gegenteil: Je bewusster und offener die Partner mit ihren vielfältigen Gefühlen umgehen können, desto tiefer wird ihr gegenseitiges Verständnis und damit ihre Verbundenheit.

Ambivalenzen und Widersprüche innerhalb der Beziehung sind nicht immer leicht zu ertragen. Es geht aber immerhin dann schon mal besser, wenn wir uns prinzipiell davon verabschieden, in solch vereinfachenden Kategorien wie gut/schlecht, richtig/falsch usw. zu denken. Eine weitere Hilfe, einen Menschen oder auch eine Partnerschaft in all ihren – auch vermeintlich widersprüchlichen – Facetten erfassen zu können, ist die additive Sichtweise.

Kleine Übung: Denken Sie additiv!

Lesen Sie laut und bewusst beide Satzpaare:

»Mein Partner liebt mich, aber er ist oft mit den Gedanken woanders.«
»Mein Partner liebt mich. Und er ist oft mit den Gedanken woanders.«

»Ich liebe dich, aber manchmal gehst du mir richtig auf die Nerven.«
»Ich liebe dich. Und manchmal gehst du mir richtig auf die Nerven.«

Spüren Sie einen Unterschied? Der Unterschied besteht darin, dass ein »Aber« die vorangegangene Äußerung in ihrer Aussagekraft einschränkt, sie kleinmacht. Sie kennen das: Kein Mensch fühlt sich mehr rundum geliebt, wenn nach der Aussage »Ich liebe dich« ein dickes »Aber« hinterhergeschickt wird. Denn dieses bedeutungsschwere »Aber« läutet ein Bedenken ein, eine Relativierung und Entwertung des vorher Gesagten.

In der Aussage »Mein Partner liebt mich. Und er ist oft mit den Gedanken woanders« haben die Zuneigung des Partners und die Gedankenabwesenheit nicht zwangsläufig etwas miteinander zu tun. Sein Verhalten wird von seinem Gefühl Ihnen gegenüber abgekoppelt. Es dürfen auch vermeintliche Gegensätze einfach stehen bleiben. Etwa: »Ich bin sehr gerne mit dir zusammen, und ich bin auch gerne allein (oder mit Freunden unterwegs).«

Schreiben Sie nun spontan fünf Sätze über Ihren Partner oder Ihre Partnerschaft auf, in denen die Konjunktion »aber« vorkommen (alternativ geht natürlich auch »jedoch« oder »doch«).

Ersetzen Sie in einem zweiten Durchgang jeweils »aber« durch »und«. Lesen Sie sich diese Sätze laut vor und spüren Sie nach. Merken Sie den Unterschied?

Anmerkung: Vielleicht halten Sie solche sprachlichen Kleinigkeiten für unwichtige Nebensächlichkeiten. Sind sie aber nicht. Denn unsere Sprache repräsentiert auch unsere Haltung und unsere Denkweise. Und umgekehrt kann Sprache auch unsere Haltung beeinflussen, wenn wir uns auf diesen Prozess einlassen. Deshalb sind kleinere Übungen in Bezug auf Formulierungen natürlich nicht der Weisheit letzter Schluss, aber sie bewirken immerhin eine kleine Bewusstseinsveränderung. Und diese kleine Wendung in uns selbst kann größere Auswirkungen haben, als man zunächst glaubt.

Häufige Grundkonflikte von Paaren: Kollusionen und andere haarige Konstellationen

Der Grundkonflikt eines Paares resultiert in erster Linie aus den Grundkonflikten der einzelnen Partner. Oft schleppen diese übrigens den gleichen Grundkonflikt mit sich herum, ohne das zu ahnen.

Der bekannte Paartherapeut Jürg Willi hat diese sehr häufige Konstellation Kollusion genannt: Es treffen zwei Menschen mit demselben Grundkonflikt aufeinander, sie verhalten sich aber komplementär zueinander, so dass man den Eindruck gewinnen könnte, die beiden Partner seien extrem unterschiedlich und hätten sehr verschiedene Ansichten und Probleme. Dabei sind ihre Grundkonflikte aber in Wirklichkeit ähnlich, sie vertreten nur deren polarisierte Positionen. Ihre unterschiedlichen Verhaltensweisen sind sozusagen nur zwei Seiten einer Medaille.

Ein Beispiel:

Frau und Herr B. sind seit 21 Jahren ein Paar. Sie haben zwei fast erwachsene Kinder und in der letzten Zeit ständig Streit miteinander. Weil sie nicht mehr weiterwissen, suchen sie eine Beratung auf.

Frau B. hat vor einigen Jahren eine Weiterbildung absolviert und möchte jetzt verstärkt auf Jobsuche gehen. Herr B. befürwortet das, unterstützt ihr Vorhaben aber nicht aktiv. Sie fühlt sich von ihm nach all den Jahren, die sie sich der Familie gewidmet hat, überhaupt nicht angemessen unterstützt und ist entsprechend frustriert.

In der Beratung stellt sich heraus, dass auch Herr B. sich in seinen beruflichen Anstrengungen von seiner Frau schon seit Jahren nicht mehr unterstützt fühlt. »Du hast ja auch nie etwas erzählt, was hätte ich da denn tun können?«, kontert Frau B. Herr B. gibt zu, wenig von seinem Beruf erzählt zu haben, weil er es »unwichtig« fand.

Beide Partner leiden darunter, vom jeweils anderen nicht wahrgenommen und unterstützt zu werden. Bei genauerer Analyse der jeweiligen Herkunftsfamilien zeigt sich, dass beide, Herr B. als auch Frau B., schon als Kinder das Gefühl hatten, nicht richtig wahrgenommen zu werden. Ihre Gefühle hatten sozusagen schon Tradition.

Mit dieser Erkenntnis wuchs das gegenseitige Verständnis. Sie wurden etwas feinfühliger im Umgang miteinander, und obwohl der Grundkonflikt bestehen blieb, konnten sie nach und nach gelassener damit umgehen.

Rivalität und Verlustängste: Wie Neid in Partnerschaften entsteht
Paare, die miteinander immer wiederkehrende Konflikte rund um das Thema »Neid« haben, sollten sich prüfen, inwiefern die Partner möglicherweise miteinander in Konkurrenz stehen. In der Regel sind Partner so stark miteinander identifiziert, dass sie den Erfolg des anderen auch als eigenen Erfolg erleben. So kann sich eine Hausfrau durchaus im Glanze ihres erfolgreichen Managerehemanns sonnen oder ein Hausmeister stolz auf die Leistungen seiner Ehefrau sein, die Ärztin ist.

Je nach eigener Befindlichkeit kann aber natürlich auch mal Neid auf den Erfolg des anderen auftreten. Das kann mit der eigenen als schwierig erlebten beruflichen Situation oder dem mangelnden Selbstwertgefühl zu tun haben. Auch kann es Ängste und Eifersucht auslösen, wenn z. B. die Partnerin nach langen Jahren des »Zuhauseseins« wieder arbeiten geht und dabei plötzlich aufblüht.

Besonders häufig liegt heftigen Konkurrenzkämpfen innerhalb der Partnerschaft aber ein unbewältigter Geschwisterkonflikt zugrunde.

Wenn Sie in Ihrer Partnerschaft also viel mit Neid, (gefühlter) Missgunst oder dem Gefühl, immer zu kurz zu kommen, zu tun haben, so könnten Sie einmal einen Blick auf Ihre Geschwistergeschichte werfen:

Blick in die Vergangenheit: Meine Geschwistergeschichte

Wie habe ich mich mit meinen Geschwistern gefühlt? Mit wem habe ich mich am meisten gestritten? Mit wem habe ich um die Gunst der Eltern gebuhlt?

- An welcher Stelle bin ich als Kind zu kurz gekommen? Was haben meine Geschwister bekommen, was ich nicht bekommen habe?
- Wer war das Lieblingskind meiner Mutter, meines Vaters? Woran habe ich das gemerkt?
- Gibt es Parallelen zwischen meinem Erleben als Kind und meinem Erleben als Erwachsener in meiner Partnerschaft?

Wenn Sie hier durchaus Parallelen finden, wäre es hilfreich, mit Ihrem Partner darüber ins Gespräch zu kommen.

Die »dunkle Seite der Macht«: Wie unbewusste Schuldgefühle unsere Beziehungen unterlaufen

Schuldgefühle spielen in vielen Partnerschaften eine große Rolle, ohne dass sie jemals ans Tageslicht kommen würden. Dabei haben sie eine ungeheure Macht und können sehr destruktive Kräfte freisetzen.

Menschen, die schon in ihrer frühen Kindheit unter heftigen Schuldgefühlen gelitten haben, entwickeln häufig in der Folge ein negatives Selbstbild: Sie fühlen sich schnell schuldig daran, wenn es jemandem schlecht geht, und neigen zusätzlich zu wiederholter Selbstbestrafung.

So kann ein Mensch, der schon seit Kindesbeinen an unter Schuldgefühlen leidet, immer wieder unbewusst Situationen herbeiführen, in denen er sich wieder schuldig und schlecht fühlt. Zum Beispiel kann sich ein so strukturierter Mann seiner Frau gegenüber wiederholt derart ignorant und lieblos zeigen, dass sie ihm irgendwann wutentbrannt vorwirft, ein schlechter Ehemann zu sein. Durch diesen unbewusst provozierten Prozess lässt sich der Mann durch seine Frau sozusagen das eigene negative Selbst- und Weltbild bestätigen. Schuldgefühle sorgen nahezu eigendynamisch für ihre dauerhafte Aufrechterhaltung – wenn dieser Teufelskreis nicht bewusst durchbrochen wird.

Weil Menschen, die schnell Schuldgefühle entwickeln, diese auch schon im Vorfeld abzuwehren versuchen, sind sie auch oft geneigt, die Schuld bei anderen zu suchen. Das in Beziehungen so beliebte Schwarze-Peter-Spiel trägt aber nicht zur Problemklärung bei, sondern vertieft die Kluft zwischen streitenden Parteien und verhärtet unterschiedliche Positionen. Schuldgefühle und Schuldzuweisungen sind also zwei Seiten einer Medaille.

Wenn Sie sich also häufig in Debatten rund um das Thema »Schuld« miteinander verhaken, beschäftigen Sie sich doch einmal mit folgenden Fragen:

- In welchen Situationen fühle ich mich sofort schuldig? Wie reagiere ich dann?
- Wann bin ich geneigt, meinem Partner die Schuld für etwas in die Schuhe zu schieben? Was hat das womöglich mit mir zu tun?
- Wann habe ich mich das erste Mal schuldig gefühlt? Wer hat mir das Gefühl vermittelt, schuldig zu sein? Wie hat sich das angefühlt und was hat das in mir ausgelöst?
- Was tue ich in meinem Alltag, um mich (bloß) nicht schuldig fühlen zu müssen?

Zynismus, Demütigung und Co: Gegenseitige Abwertung als Ausdruck einer Selbstwertproblematik

Wer selbst im Grunde seines Herzens nicht viel von sich hält und ein nur mangelhaft ausgeprägtes Selbstwertgefühl hat, kann es erfahrungsgemäß auch schlecht ertragen, dass andere mehr wert sein sollen. Infolgedessen beginnt er oder sie, andere abzuwerten. Das kann man hervorragend, indem man z. B. die Leistung einer Person madig macht oder ihren Erfolg kräftig durch den Kakao zieht.

Die Entwertung eines Partners dient dann in erster Linie der eigenen emotionalen Entlastung. Sie geht freilich auf die Kosten des anderen, der sich dadurch natürlich gedemütigt fühlt. Die Abwertung des Partners ist auf Dauer wunderbar dazu geeignet, die Beziehung nachhaltig zu ruinieren. Hat der Partner selbst mit Selbstentwertungstendenzen zu tun (was fast immer der Fall ist!), dann bestätigen sich die Partner sozusagen gegenseitig immer wieder ihre vermeintliche Wertlosigkeit.

Wenn Sie auch das Gefühl haben, dass in Ihrer Partnerschaft das Thema »Abwertung« eine Rolle spielt, sollten Sie sich mit folgenden Aspekten befassen:

Spüren Sie Abwertungstendenzen in Ihrer Partnerschaft auf!

- Wann fühle ich mich von meinem Partner/meiner Partnerin entwertet oder »heruntergemacht«?
- Wie schafft er/sie es, dass ich mich so fühle?
- Habe ich mich schon früher oft so gefühlt?
- Was muss ich tun, damit sich mein Partner/meine Partnerin von mit herabgewürdigt und entwertet fühlt?

Das Thema »Entwertung« kann sehr destruktive Verhaltensstrukturen in Beziehungen hervorrufen. Suchen Sie sich professionelle Hilfe, wenn Sie sich dauerhaft gedemütigt fühlen oder Sie das Gefühl haben, selbst oft andere entwerten zu müssen, um sich besser zu fühlen.

»Ich weiß gar nicht, was du willst!« – das Aussitzen von Problemen als passive Aggression

Wenn Partner sich gegenseitig etwas dauerhaft verweigern, handelt es sich um sogenannte passive Aggression. Ständig Probleme auszusitzen, statt sie anzupacken, bestimmte paarspezifische Themen nicht an sich herankommen zu lassen, sich klammheimlich aus der gemeinsamen Sexualität zu stehlen oder gegebene Versprechungen regelmäßig nicht zu halten, kann durchaus als Unterminierung der Partnerschaft interpretiert werden. In der Regel handelt es sich dann um unbewusste Reaktionen auf eine gefühlte Provokation, mit der der passiv Aggressive aus verschiedenen Gründen nicht offensiv umgehen kann.

Ein Beispiel:

Frau C. bittet ihren Mann darum, den Rasen zu mähen. Er verspricht ihr, das am Wochenende zu tun. Er tut es aber nicht, sondern trifft sich mit Freunden und hat auch sonst noch allerlei zu erledigen. Frau C. ist enttäuscht und ärgerlich und stellt ihn zur Rede. Herr C. hat allerlei Ausreden und findet seine Frau vorwurfsvoll und ihre Vorhaltungen übertrieben. »Dann mähe ich halt den Rasen nächstes Wochenende. Wo ist das Problem?« Das wiederum macht Frau C. noch ärgerlicher.

In einer Beratung stellt sich mit der Zeit heraus, dass sich Herr C. von seiner Frau dominiert fühlt und »ganz tief drinnen« das Gefühl hat, sich gehen sie wehren zu müssen. Da er aber nicht den Mut hat, sich offensiv gegen seine Frau zu »wehren«, muss er ihre Wünsche und Forderungen sozusagen subversiv unterlaufen. Indem er dies tut, gibt er seinem unterdrückten Ärger Ausdruck, ohne allerdings dafür die Verantwortung übernehmen zu müssen. Bei genauerem Hinsehen stellt sich heraus, dass Herr C. auf die Bitten und Forderungen seiner Frau genauso trotzig reagiert, wie er als Kind auf die Forderungen seiner Mutter reagiert hat.

Herr C. reflektierte in einem weiteren Beratungsprozess nun seine Kindheitserlebnisse. Er konnte einsehen, dass er in seiner Frau eigentlich seine dominante Mutter bekämpfte, ohne das geahnt zu haben.

»Nähe? Nein danke!« – wie versteckte Ängste Intimität verhindern

Ein großes Thema bei Paaren ist die Angst vor Kontrollverlust und vor zu großer Nähe. Wenn jemand in der Kindheit traumatische Trennungserfahrungen gemacht hat, so neigt er dazu, in späteren Jahren schmerzliche Trennungserfahrungen verhindern zu wollen. Das beste Mittel dazu ist freilich, sich die geliebten Personen möglichst auf Distanz zu halten, in der irrigen Hoffnung, eine mögliche Trennung wäre dann weniger schmerzhaft.

Man kann diese Aufgabe auch an den Partner delegieren, indem man sich einen aussucht, der ebenso auf eine gewisse Distanz Wert legt. Das Problem ist auch dann nach außen verlagert: Wenn der eine sich beschweren kann, dass der anderen keine Nähe zulässt, braucht er selbst sich über die eigenen Ängste gar nicht klar zu werden. Als Faustregel gilt: Wer sich einen Partner mit ausgeprägter Angst vor Nähe ausgesucht hat, leidet in der Regel selber unter der Angst vor Nähe.

Gefühlte Provokation: Vorwürfe und Projektionen in der Partnerschaft

Erinnern Sie sich daran, was Sie an Ihrem Partner / Ihrer Partnerin in der ersten Zeit der Verliebtheit am tollsten fanden? Was hat Sie fasziniert? Und wie sieht es heute aus? Gefallen Ihnen diese Eigenschaften immer noch so gut wie am Anfang? Oder hat sich hier etwas verändert?

Erfahrungsgemäß werden diejenigen Eigenschaften, die uns anfangs am anderen so begeistert haben, zu denen, die uns irgendwann am meisten nerven. Wir verlieben uns unter anderem in diese Eigenschaften, weil sie in uns selbst unterentwickelt sind und uns der Partner damit sozusagen komplettiert. Das kann aber später zu Problemen führen, wenn ich diese Eigenschaften in mir eigentlich auch gerne entwickeln würde, dies aber aus bestimmten Gründen nicht schaffe. Spätestens wenn ich merke, dass ich auch gerne optimistisch drauf sein möchte, mich meine pessimistische Grundhaltung aber daran hindert, fange ich an, diesen Optimismus in Blauäugigkeit oder Naivität umzudeuten. Was ich vorher toll fand, ist jetzt eine Macke des Partners geworden, die es abzuwerten gilt. Statt bewusst an meiner eigenen optimistischen Grundhaltung zu arbeiten, ist es leichter, den Partner und seinen Optimismus für »blöd« zu erklären.

Auch neigen wir dazu, unliebsame eigene Anteile auf den Partner / die Partnerin zu projizieren. Wie verlagern sozusagen unsere eigenen Schwächen, die wir selber an uns nicht wahrnehmen wollen, in den Partner und bekämpfen dort dann diese Anteile. Insofern ist es leicht nachzuvollziehen, dass Vorwürfe an den Partner eigentlich immer auch Selbstvorwürfe sind.

Prüfen Sie also gelegentlich:

Welche Eigenschaften spalte ich ab?

- Welche Eigenschaften oder Eigenarten meines Partners/meiner Partnerin finde ich besonders nervig? Wenn ich selber diese Eigenschaften hätte, wie würde sich das anfühlen?
- Was werfen Sie Ihrem Partner/Ihrer Partnerin häufig vor?
- Was könnte das mit Ihnen zu tun haben?
- Welche Gefühle und Einsichten über sich selbst könnten Sie damit vielleicht abwehren?

Reinszenierungen: Dauerkonflikte als Problemlösungsstrategie

In der Partnerwahl liegt ein wichtiger Schlüssel zum Verständnis vieler Paarkonflikte: Es ist ja schließlich kein Zufall, warum wir uns unseren Partner/unsere Partnerin ausgewählt haben. Psychologisch betrachtet hat unser Partner nämlich immer etwas mit unseren eigenen Sehnsüchten und Entwicklungsbedürfnissen zu tun. Oft bringen z. B. die Partner Eigenschaften der eigenen Eltern mit, an denen wir uns dann hemmungslos abarbeiten können.

So neigt die Tochter eines depressiven Vaters vielleicht dazu, sich wieder einen latent depressiven Mann zu suchen. Der Grund für diese unbewusste Suche nach bekannten Mustern aus der Herkunftsfamilie hat zwei Gründe: Erstens kennt man sich mit den Verhaltensmustern aus und scheint deshalb für diesen Menschen ein kompetenter Partner sein zu können. Der Tochter eines Depressiven wird es nicht schwerfallen, die Stimmungen Ihres ebenfalls depressiven Mannes zu erspüren; in ihrer Herkunftsfamilie hatte sie über die Jahre gelernt, damit umzugehen. Sie hatte gelernt, eigene Glücksgefühle zu unterbinden, die eigenen Bedürfnisse hintenanzustellen, Rücksicht zu nehmen usw.

Andererseits sucht sie in dieser Verbindung unbewusst die Möglichkeit, aus dem gewohnten Muster auszusteigen. Die Reinszenierung alter Konflikte ist also letztlich kein Selbstzweck, sondern soll deren Auflösung und Überwindung dienen. So könnte diese Frau des depressiven Mannes nach einer Weile merken, dass sie nicht mehr gewillt ist, immer ihre Bedürfnisse zurückzustecken. Sind beide Partner in der Lage, diesen Teufelskreis zu durchbrechen, könnte die Frau völlig neue Erfahrungen machen, z. B. die Erfahrung, dass sie in der Ehe ihre Glücksgefühle nicht unterdrücken muss, weil der Mann jetzt eine Therapie macht und von ihr nicht mehr solche Opfer verlangt.

In der Reinszenierung alter, schwieriger Situationen schlummert also immer auch die Möglichkeit der Überwindung der alten Muster. Sie ist insofern eine riesige Chance, mit- und aneinander zu wachsen.

Weil vielen Paaren aber diese Struktur ihrer Partnerschaft nicht bewusst ist, verlaufen diese Lösungsversuche oft im Sand. Erst, wenn die Grundkonflikte des Paares gefunden sind, kann langsam ein Bewusstwerdungsprozess in Gang kommen und dann eine konstruktive Veränderung stattfinden.

So kommen Sie den eigenen Grundkonflikten auf die Spur

Erkennen Sie Ihre wunden Punkte

Um den eigenen Grundkonflikten auf die Spur zu kommen, kann es hilfreich sein, sich die eigenen »Empfindlichkeiten« anzuschauen:
- Was muss Ihr Partner/Ihre Partnerin tun, wenn er/sie Sie auf die Palme bringen will?
- Was müssen Sie tun, wenn Sie Ihren Partner/Ihre Partnerin auf die Palme bringen wollen?
- Wissen Sie voneinander, woher diese »wunden Punkte« rühren?
- Mögen Sie sich gegenseitig erzählen, warum Sie bei bestimmten Themen so empfindlich reagieren?
- Können Sie sich gegenseitig damit verstehen und akzeptieren?

Machen Sie eine Konfliktmusteranalyse

Um ein typisches Muster in Konflikten erkennen zu können, ist es sinnvoll, exemplarisch einen für Ihre Partnerschaft typischen Streit etwas genauer unter die Lupe zu nehmen. Das können Sie sowohl gemeinsam tun als auch getrennt voneinander.

- Wie ist ein typischer Einstieg in ein klassisches Streitgespräch?
- Wer ist meistens der Initiator?
- Welches Thema ist oft davon berührt?
- Gibt es eine typische Situation oder eine bestimmte Tages- oder Uhrzeit? Hat dieser Zeitpunkt etwas mit Ihrem allgemeinen Stresslevel zu tun?
- Wie ist die erste Reaktion des Partners/Ihrer Partnerin? Geht er/sie gleich in die Luft oder ist er/sie zunächst ruhig und besonnen?
- In welchem Moment, nach welcher Bemerkung von wem kippt die Stimmung?
- Ab welchem Moment haben Sie das Gefühl, dass sich eine Eigendynamik entwickelt, die sich nicht mehr aufhalten lässt? Was fühlen Sie in diesem Moment?
- Wann hätten Sie noch rechtzeitig intervenieren können, um den eskalierenden Konflikt abzuwenden?
- Wie beruhigen Sie sich wieder?
- Wann ist der Streit beendet? Wer beendet ihn wie?
- Was fühlen Sie nach dem Streit?
- Wie versöhnen Sie sich wieder?

Was fällt Ihnen besonders auf? Was ist überraschend? Was nehmen Sie unterschiedlich wahr?

Was glauben Sie, welcher Grundkonflikt sich hinter diesem Muster verbirgt? Worum geht es also *wirklich*?

Dem Grundkonflikt näher zu kommen, ist der erste kleine Schritt, um gemeinsam weiter zu wachsen und freier von alten und möglicherweise überkommenen und wenig hilfreichen Mustern zu werden.

Exkurs: Warum Paartherapie zwar für alle Beteiligten viel Arbeit ist, aber auch Spaß machen kann
Solange es keine massiven Probleme in der Ehe gibt und keiner fremdgeht, denkt kaum ein Paar darüber nach, sich Hilfe zu holen oder bewusst an der Partnerschaft zu arbeiten. In die Paartherapie kommen Paare fast immer erst dann, wenn es schon fast zu spät ist, wenn die gegenseitigen Kränkungen Rekordniveau erreicht haben und sich das Vertrauen ineinander rasant den Nullpunkt nähert. Fast immer gibt es ein aktuelles, hochbrisantes Ereignis, etwa eine berufliche Veränderung oder

ein »Seitensprung«, der das Paar dann zwingt, sich miteinander auseinanderzusetzen, wenn es denn ein Paar bleiben möchte.

Grob zusammengefasst kann man sagen, dass Paarberatung und -therapie drei Ziele hat:

• Jeder Einzelne sollte sich und sein Verhalten nach der Beratung/Therapie besser verstehen als vorher.

• Das gegenseitige Verständnis der Partner sollte nach der Beratung/Therapie vertieft sein.

• Und drittens sollte das Paar nach der Beratung/Therapie Möglichkeiten gefunden haben, sich in Konflikten anders zu verhalten, als es das bisher tat.

Nach einer ersten Kennenlernphase arbeitet der Therapeut/die Therapeutin sehr eng an dem Anliegen des Paares: Er/sie braucht einen klaren und realisierbaren Auftrag. Dieser muss allerdings erst miteinander geklärt werden. Aufträge wie: »Sagen Sie meinem Mann, er möchte bitte seine Liebesaffäre beenden«, oder: »Machen Sie bitte meiner Frau klar, dass ich die Trennung will«, kann ein Therapeut/eine Therapeutin schon deshalb nicht annehmen, weil er/sie der Allparteilichkeitsregel unterliegt und sich nicht von einem Partner gegenüber dem anderen instrumentalisieren lassen wird.

Viele Paare gehen nach ein paar Beratungssitzungen durchaus beschwingt nach Hause, weil sie sich wieder besser in Kontakt miteinander und dadurch lebendiger fühlen.

Gute Paartherapie ist natürlich eine ernst zu nehmende Angelegenheit. Oft müssen sich die Partner unangenehmen Gefühlen aussetzen und allerlei innere Widerstände und Hürden überwinden. Sehr oft fließen auch Tränen. Überraschende Fragen und paradoxe Interventionen ermöglichen aber auch spannende Entdeckungen, und gemeinsam gelacht wird dabei natürlich auch!

Paarberatung und -therapie kann zäh und langatmig, aber auch befreiend und beglückend sein, ja sogar Spaß machen. Insbesondere wenn Paare erfolgreich miteinander einen Konflikt bearbeitet haben, können sie oft mit Stolz und Humor auf ihre gemeinsame Krise und Entwicklung zurückblicken. Das freut dann den Therapeuten besonders.

Lesen Sie im nächsten Kapitel nun, wie Sie weiter gemeinsam wachsen und Ihre Sexualität wiederbeleben bzw. lebendig halten können. Es wird einigermaßen aufregend, versprochen!

6. Mehr Ich + mehr Du = mehr Wir! Wie man gemeinsam wächst. Und warum Sex besser wird, wenn wir älter werden

Wenn Sie dieses Buch bis hierher durchgelesen haben, haben Sie vermutlich schon Folgendes getan:

- Sie haben sich mit Ihrem Leben, Ihren Erfolgen und Träumen beschäftigt;
- Sie haben freundlich Bilanz gezogen und sich auf die Schulter geklopft, sich aber auch das Vergangene und Verlorene angesehen und vielleicht ein wenig darum getrauert;
- Sie haben einen Blick in Ihre Paar-Vergangenheit geworfen und (hoffentlich angemessen!) gewürdigt, welche Krisen Sie schon gemeinsam überwunden und welche Schwierigkeiten Sie bereits gemeistert haben;
- Sie haben Ihre Partnerschaft, so wie sie sich jetzt darstellt, unter die Lupe genommen und eine kleine Beziehungsinventur gemacht: Sie haben sich angesehen, was alles gut ist, aber auch, was vielleicht noch verbesserungswürdig ist;
- Sie haben sich (vielleicht sogar gemeinsam mit Ihrem Partner / Ihrer Partnerin) Ihre gemeinsamen »Altlasten« angeschaut und sich mit liegen gebliebenen Konflikten beschäftigt; vielleicht gab es hier auch schon die ein oder andere interessante Erkenntnis und Aufklärung?
- Sie haben sich mit Ihren jeweiligen Grundkonflikten beschäftigt und zumindest eine Ahnung davon bekommen, wo möglicherweise in Ihrer Partnerschaft der »Hase im Pfeffer« liegt.

Herzlichen Glückwunsch, Sie haben schon eine Menge für sich und Ihre Partnerschaft getan. Weitaus mehr als ein durchschnittliches Paar in seinem ganzen Leben! Es ist immer wieder überraschend zu sehen, wie wenig manche Paare über sich selbst und ihren Beziehungskosmos Bescheid wissen. Umso besser, dass Sie jetzt schon eine ganze Menge über sich, Ihren Partner und Ihre Partnerschaft erfahren haben. Und wenn Sie Ihr Miteinander noch weiter vertiefen und nachhaltig festigen wollen, dann ist dieses Kapitel für Sie genau das Richtige. Denn hier finden Sie noch einige weitere Anregungen aus der Paar- und Sexualtherapie, wie

Sie Ihre Partnerschaft lebendig halten und tieferes gegenseitiges Verständnis füreinander entwickeln können.

15 Tipps, um die Liebe lebendig zu halten und gemeinsam zu wachsen

1. Gehen Sie davon aus, dass Sie Ihren Partner nicht kennen

Machen Sie den Grundsatz »Ich bin nicht du, ich weiß dich nicht«, den der Paartherapeut Michael Lukas Moeller entwickelt hat,[15] zu Ihrem Paar-Credo. Gehen Sie nicht davon aus, dass Sie Ihren Partner in- und auswendig kennen und seine Antworten oder Handlungen bereits vorhersagen könnten. Behaupten Sie nichts über Ihren Partner und unterstellen Sie ihm nichts. Bleiben Sie stattdessen neugierig und interessiert. Fragen Sie häufiger mal nach, wenn Sie etwas nicht verstanden haben. Das wird Ihr Partner dann mögen, wenn er merkt, dass Sie an einer ehrlichen Antwort interessiert sind. Wenn Sie allerdings aus einem Kontrollbedürfnis heraus fragen oder nur um Bestätigung zu erfahren, wird er sich höchstwahrscheinlich bedrängt oder ausgefragt fühlen.

Mit der Haltung »Ich weiß dich nicht« werden Sie immer wieder ganz neue Aspekte Ihres Partners / Ihrer Partnerin kennenlernen. Sie hat aber auch einfach viel mit Respekt und Achtung zu tun. Statt den Partner lediglich als Teil unseres Selbst zu sehen, den wir ohnehin schon kennen wie unsere Westentasche, sollten wir ihn erkennen als das, was er tatsächlich ist: ein anderer Mensch mit anderen Ansichten, einer eigenen Biografie, anderen Gefühlen und anderen Bedürfnissen.

2. Versuchen Sie, authentisch zu bleiben, und stehen Sie zu sich selbst

Auch wenn dies mit der Gefahr verbunden zu sein scheint, sich gelegentlich unbeliebt zu machen oder für Verwirrung zu sorgen: Bleiben Sie Ihrem Partner gegenüber so authentisch wie möglich. Spielen Sie ihm nicht Zufriedenheit vor, wo keine ist. Prüfen Sie genau, an welchen Stellen Sie dazu neigen, um des lieben Friedens willen »klein beizugeben«, weil Sie sich nicht »outen« wollen oder Angst vor einer bestimmten Reaktion haben. Besonders Frauen neigen ja häufig dazu, die eigenen Bedürfnisse immer wieder herunterzuspielen oder sie in verträgliche Häppchen zu dosieren, um bloß niemanden vor den Kopf zu stoßen oder aufdringlich zu wirken.

Aber auch Männern geht das durchaus manchmal so. Auch in der Sexualität kann es gelegentlich zwar für Verwirrung sorgen, wenn sich Mann und Frau irgendwann dann mal gegenseitig lange verschwiegene Fantasien erzählen; es kann aber die gemeinsame Sexualität auch erheblich beleben (s. u.)! Verwirrung ist allemal besser als Stillstand und emotionale Verödung.

3. Pflegen Sie Ihre Partnerschaft und tun Sie sich bewusst gut

Ein besonderes Liebeselixier ist, es sich als Paar gemeinsam gut gehen zu lassen. Was ein Paar stärkt, ist naturgemäß sehr unterschiedlich. Manche Paare haben gemeinsame Hobbys oder einen großen Bekanntenkreis. Manche fahren gerne zusammen in die Berge oder ans Meer, wiederum andere gehen gerne ins Konzert oder essen. Was auch immer Ihnen guttut und Ihre Paar-Beziehung stärkt: Tun Sie es! Das könnte sein:

- gemeinsame schöne Urlaube oder Feste organisieren,
- wieder öfter Freunde einladen,
- Plätze besuchen, die für Ihre Liebe bedeutsam sind: der Ort, an dem Sie sich das erste Mal geküsst haben; ein Ort, an dem Sie sich beide geborgen fühlen und Kraft tanken können usw.,
- gemeinsame Hobbys anfangen, etwa einen Tanzkurs oder einen Sprachkurs belegen, miteinander Sport treiben, wandern gehen, in einen Chor eintreten ...,
- sich gemeinsam ehrenamtlich engagieren,
- schöne (erotische) Rituale einführen und pflegen,
- sich gemeinsam um ein Haustier kümmern, etc.

Besonders in Umorientierungsphasen wie der Lebensmitte ist es wichtig, Kraft zu tanken und die Gemeinsamkeit bewusst zu genießen. Ob das bei einem leckeren Essen oder einem Wellnesstag stattfindet, ist letztlich unerheblich: Wichtig ist einzig, dass es Ihnen guttut und Ihnen beiden Kraft gibt.

Tun Sie das übrigens auch, wenn es gerade konfliktreich oder turbulent bei Ihnen zugeht. Auch wenn es sich vielleicht zunächst widersinnig anfühlt, verkracht ins Kino zu fahren, so gibt es doch eine gewisse Chance, dass sich die Stimmung durch die andere Situation verändert. Vielleicht sitzen Sie später noch bei einem Glas Wein beisammen und amüsieren sich gemeinsam über Ihre vorangegangenen Streitigkeiten? Eine bisschen Humor und eine gewisse Souveränität gehören da freilich dazu. Aber die haben Sie doch sicher schon längst, oder?

4. *Vermeiden Sie längere emotionale Rückzüge. Oder hinterfragen Sie diese zumindest*

Es ist verständlich, dass man sich nach einem ordentlichen Krach oder in Phasen der Irritation zurückziehen möchte. Das ist normal und ein gesunder Selbstschutzreflex. Ein längerer emotionaler Rückzug kann aber ein Zeichen mangelnder Bereitschaft sein, sich mit den aktuellen Gegebenheiten auseinanderzusetzen. Er kann dann eventuell vom Partner als Ausdruck von mangelndem Interesse oder als »Abstrafung« für ein bestimmtes Verhalten empfunden werden. Wenn Sie also bei sich häufiger ausgedehnte Rückzugstendenzen feststellen, gilt es sich zu fragen:

- Worauf reagiere ich mit meinem Rückzug?
- Was vermeide ich mit meinem Rückzug?
- Wobei hilft mir mein Rückzug?
- Möchte ich meinem Partner / meiner Partnerin nicht zeigen, wie es mir wirklich geht? Kann ich mich ihm/ihr gerade nicht öffnen? Ist mein emotionaler Rückzug eine Art »Liebesentzug« oder eher Selbstschutz? Oder beides?
- Und was hat das für Folgen?
- Rede ich mit meinem Partner / meiner Partnerin über den Rückzug und kann er/sie ihn einordnen?
- Was würde passieren, wenn ich meinen Rückzug ab sofort aufgeben würde und mich meinem Partner / meiner Partnerin wieder zuwenden würde?
- Wie würde es mir gehen und wie würde er/sie damit umgehen?

5. *Machen Sie Schluss mit gegenseitiger Manipulation*

Das hört sich viel leichter an, als es ist. Die besondere Kraft der Manipulation besteht ja gerade darin, dass man sie oft gar nicht bewusst anwendet und auch oft nicht als solche wahrnimmt. Auf der Gefühlsebene reagieren wir aber oft sehr unwirsch, wenn wir merken, dass uns jemand auf manipulative Weise etwas abringen will, wozu wir eigentlich gar nicht bereit sind.

Emotionale Erpressung ist z.B. eine Form der Manipulation: »Wenn du mir meinen Wunsch nicht erfüllst, wende ich mich ab.« Oder: »Wenn du mich liebst, musst du das doch einsehen!«

Eine weitere Form der Manipulation ist der Versuch, den anderen »erziehen«, also verändern zu wollen. Machen Sie sich immer wieder klar, dass man einen anderen Menschen nicht verändern kann, sondern nur sich selbst. Geben Sie also den Versuch auf, Ihren Partner verändern zu wollen und arbeiten Sie an sich selbst, wenn Sie in Ihrem Leben etwas anders haben wollen, als es ist. Ihr Partner ist schließlich nicht auf der Welt, um Ihre Bedürfnisse zu befriedigen, ebenso wenig, wie Sie dazu verpflichtet sind, die Bedürfnisse Ihres Partner zu erfüllen. Wenn das dann aber zwischendurch »trotzdem« mal geschieht oder sogar häufiger, ist das ein freiwilliges Geschenk, über das wir uns gebührend freuen sollten.

6. Die hohe Kunst der Annahme: Akzeptieren Sie die Gefühle des Partners
Annahme ist ein grundsätzlicher Aspekt der echten, tiefen Liebe. Wir alle wünschen uns, so angenommen und geliebt zu werden, wie wir sind. Dazu gehört aber auch, die Aspekte des anderen anzunehmen, die uns vielleicht nicht besonders gefallen. Das wird mal besser und mal weniger gut gelingen, aber man kann sich um diese akzeptierende Haltung durchaus bemühen.

Üben Sie sich auch bewusst darin, die Unterschiede zwischen Ihnen und Ihrem Partner / Ihrer Partnerin wahrzunehmen. Sicher wird es eine Schnittmenge geben, in der Sie sich ähnlich oder nahe sind. Jenseits dieser Schnittmenge gibt es aber noch vieles mehr, was Ihren Partner ausmacht. Diesen gravierenden Rest zu entdecken, ist ein spannendes, herausforderndes Unterfangen, das niemals enden wird.

7. Schaffen Sie die Schuldfrage ab und übernehmen Sie die Verantwortung für Ihre Gefühle
»Du bist schuld daran, dass ich mich schlecht fühle!« Diese ausgesprochenen oder unausgesprochenen Vorwürfe sind in Partnerschaften gang und gäbe. Sie sind aber unhaltbar, denn für unsere Gefühle sind wir schließlich selbst verantwortlich. Das ist eine unbequeme Einsicht, denn in der Regel fühlen wir uns den heftigen Gefühlen, die andere Menschen in uns auslösen, einigermaßen hilflos ausgeliefert.

Es ist dann leicht, dem anderen dafür die Schuld in die Schuhe zu schieben.

Natürlich löst der Partner durch ein bestimmtes Verhalten oder eine bestimmte Wortwahl Gefühle bei uns aus. Es ist auch unbedingt wichtig, das an- und auszusprechen, was man als kränkend erlebt hat. Dennoch: Ihr Partner ist nicht schuld daran, wie Sie sich fühlen. Prüfen Sie also immer auch, warum Sie etwas so kränkt und was Sie damit selber zu tun haben.

8. *Lassen Sie sich voneinander ent-täuschen! Und bleiben Sie idealistisch*

Wer enttäuscht wird, hat vorher eine bestimmte Erwartungshaltung gehabt. Insofern ist die Aussage »Du hast mich enttäuscht« nicht ganz zutreffend. Stimmiger wäre: »Ich hatte wohl eine unrealistische Erwartungshaltung.« Diese Enttäuschungen in das eigene Weltbild zu integrieren, ist manchmal harte Arbeit. Wir sollten uns aber darum bemühen, weil sonst Verbitterung droht. Sicher kennen auch Sie Menschen, die aufgrund solcher niemals verarbeiteten »Enttäuschungen« noch Jahre später darauf herumreiten, wie unverschämt dieser oder jeder Mensch sei, indem er mir eine solche Enttäuschung zugemutet habe. Es liegt aber in der Natur der Dinge, dass wir uns gegenseitig enttäuschen. Auch wir selber haben sicherlich schon einmal jemanden enttäuscht.

Also: Wenn Sie sich etwas von Ihrem Partner wünschen, ist das natürlich vollkommen in Ordnung.

• Bedenken Sie aber, dass Ihr Partner nicht verpflichtet ist, Ihren Wunsch zu erfüllen.

• Gehen Sie das Risiko ein, dass Ihr Partner Ihren Wunsch nicht erfüllt.

• Lassen Sie sich enttäuschen und verarbeiten Sie das.

• Machen Sie Ihrem Partner keine Vorwürfe deswegen, er ist nicht zuständig für Ihr Glück!

Das ist leicht gesagt, aber durchaus schon die höhere Kunst der Liebe. Aber Sie sind ja auch schließlich schon fortgeschrittene Liebende, stimmt's?

Gegen ein bisschen Idealisierung und Träumerei in der Liebe ist übrigens gar nichts einzuwenden. Besonders in schwierigen Zeiten brauchen wir die Idealisierung unseres Partners manchmal, um »durchhalten« zu können.

9. Nur kein Schonprogramm: Muten Sie sich einander zu und halten Sie Ängste aus!

Man trifft immer mal wieder auf Paare, bei denen man das Gefühl hat, dass sie sich gegenseitig ständig schonen. Sie offenbaren sich einander nicht, zeigen nicht ihre wahren Bedürfnisse und muten sich einander nicht zu. Das hat oft den Hintergrund, dass die Partner sich selbst in ihrem Sein »unzumutbar« finden, aber auch Angst vor Ablehnung haben. Die Sorge, die dahintersteht, ist: Werde ich auch dann noch geliebt, wenn ich zeige, wer ich *wirklich* bin? Was, wenn der andere merkt, dass ich nicht nur der brave Typ bin, für den ich mich immer ausgebe? Was, wenn mein Partner meine dringendsten sexuellen Wünsche kennt? Liefere ich mich dann aus? Macht sich mein Partner dann lustig über mich oder verachtet er mich?

Diese Gefahr besteht ja auch tatsächlich, insofern ist es nicht ganz unberechtigt, sich zu überlegen, was man alles von sich zeigen und erzählen mag. Erfahrungsgemäß ist es aber so, dass Partner, die sich gegenseitig offenbaren, tiefer miteinander in Beziehung kommen als solche, die sich gar nicht oder nur von ihrer vermeintlichen Schokoladenseite zeigen.

Also: Haben Sie den Mut, sich zu zeigen, wie Sie sind. Muten Sie sich Ihrem Partner / Ihrer Partnerin zu.

Damit meine ich natürlich nicht, dass man einen Freifahrtschein dafür hat, dem Partner hemmungslos alles um die Ohren zu schleudern oder ihn bewusst zu kränken. Aber einen Partner immer zu schonen, bedeutet auch, ständig einen Teil meiner Persönlichkeit zu verbergen und den anderen nicht richtig an mich heranzulassen. Das ist ja nun auf Dauer auch keine Lösung. Oder?

10. Ausdifferenzierung: Arbeiten Sie an Ihrer persönlichen Entwicklung

Der Weg ist das Ziel. Sie kennen das: Wenn irgendwo Entwicklungsstillstand herrscht, wird es starr, zäh und langweilig. Bei allem Sicherheitsbedürfnis braucht der Mensch immer neue Herausforderungen, um seinen Erfahrungshorizont zu erweitern und immer noch etwas mehr über sich selbst und die Welt zu lernen. Auch an sich selbst und am Partner gibt es immer noch neue Aspekte zu entdecken und zahlreiche kleinere Veränderungen wahrzunehmen.

Die simple Wahrheit ist: Eine Paar-Beziehung kann nur dann lebendig sein, wenn die jeweiligen Partner das auch sind und an sich arbeiten. Das hört sich nach einer Binsenweisheit an. In der Regel haben aber Erwachsene noch stark wirkende kindliche Anteile in sich, die besonders in Stress- und Konfliktsituationen immer wieder reaktiviert werden. So kann sich ein Mann von seiner Frau beschimpft fühlen und innerlich sofort zu dem kleinen, gedemütigten Kind regredieren, das vor Jahrzehnten von der Mutter hartherzig bestraft wurde. Seine Reaktion wird entsprechend wenig souverän oder »erwachsen« ausfallen, sondern er wird reagieren, wie er es als Kind getan hat: mit Trotz, Wut oder Rückzug.

Oder eine Frau *fühlt* sich von ihrem Ehemann nicht ausreichend wahrgenommen, was in ihr die Gefühle des kleinen Mädchens hochkommen lässt, das sich einsam und verlassen fühlte. Wenn sie sich über diesen Reaktionsmechanismus nicht im Klaren ist, wird sie ihren Mann als schuldig für diese Gefühle halten. Sie wird nicht wissen, dass sein Verhalten eine alte tiefe Kränkung berührt, und sich entsprechend hilflos fühlen oder wütend auf ihren Mann werden.

An diesen Mustern zu arbeiten, ist sehr hilfreich, um nicht mehr den eigenen *Empfindlichkeiten* ausgeliefert zu sein. Oft sind es genau diese wunden Punkte, die in Partnerschaften in schöner Regelmäßigkeit getriggert werden. Dann finden sich die Partner mitunter in Endlosschleifen gegenseitiger Kränkungen wieder.

Je mehr wir über unsere Muster und unsere wunden Punkte wissen und je mehr wir an uns und unserer Entwicklung gearbeitet haben, desto differenzierter werden wir.

Den Begriff der Differenzierung hat der US-amerikanische Paar- und Sexualtherapeut David Schnarch maßgeblich geprägt. Er versteht laut Clement darunter, »den Prozess, durch welchen wir ein klar abgegrenztes Selbst entwickeln und dabei in nahen Beziehungen zu den geliebten Anderen bleiben«[16]. Je differenzierter ein Mensch im Laufe seiner Entwicklung wird, desto klarer und präsenter kann er als Gegenüber sein. Er kann dann nämlich »sowohl seinem Partner zustimmen, ohne das Gefühl zu haben, sich selbst zu verlieren, und kann widersprechen, ohne das Gefühl von Verbitterung oder Entfremdung zu haben. Wer differenziert ist, muss nicht auf Distanz gehen, um bei sich bleiben zu können.«[17]

Insofern ist es also ein schönes Ziel, sich weiter auszudifferenzieren. Für sich selber ist das wichtig und für die Partnerschaft ebenfalls.

11. Quo vadis, Liebster? Unterstützen Sie Ihren Partner in seiner persönlichen Entwicklung

Ebenso wie an uns selbst zu arbeiten, ist es wichtig, auch den geliebten Partner in seiner weiteren Entwicklung zu unterstützen. Auch das kann Angst auslösen, denn wir wissen de facto nicht genau, in welche Richtung sich unser Partner entwickeln wird. So kann es sein, dass der Partner mal endlich wieder alleine verreisen will oder eine Therapie beginnt, von der wir anfangs nicht wissen, welche Folgen sich für uns daraus ergeben werden. Infolgedessen unterminieren manche Menschen die Therapien Ihrer Partner, machen sie madig oder werten sie ab.

Akzeptieren Sie diese Angst vor Veränderung, denn sie ist ja nicht ganz verkehrt und vor allem verständlich. Alles, was wir nicht vorhersehen können und was unsere Sicherheit bedrohen könnte, kann erst mal verunsichern und jede Menge Befürchtungen hervorrufen.

Aber wenn uns diese Angst dazu verleitet, die persönliche Entwicklung unseres Partners verhindern zu wollen, wird das unsere Partnerschaft auf Dauer eher gefährden denn fördern. Lassen Sie zu, dass Ihr Partner neue Erfahrungen macht. Im besten Falle bereichert das Ihre Beziehung und Ihr Leben. Höchstwahrscheinlich sogar.

12. Halten Sie Ambivalenzen und Widersprüche aus

Besonders harmonieträchtigen Menschen fällt es manchmal schwer, Ambivalenzen auszuhalten und Widersprüche zu akzeptieren. So kann es sein, dass sich ein Paar nach einem Streit nicht auf eine einzige Ansicht einigen kann, wie dieser Streit nun zustande kam, wer angefangen hat etc. Es gibt einfach Situationen, die sich aus Paar-Sicht nicht klären lassen oder eben erst mit entsprechendem zeitlichen Abstand. Humor ist hier natürlich auch sehr hilfreich. Aber eben auch die Fähigkeit, mal auf eine Klärung oder Einigung verzichten zu können und die Differenzen oder gar Dissonanzen einfach mal »stehen zu lassen« und auszuhalten. Das mag zwar anfangs schwerfallen, ist aber manchmal ganz hilfreich. Alles endlos durchzudiskutieren kann genauso destruktiv sein, wie Probleme einfach zu ignorieren. Hier ein gutes Mittelmaß zu finden, ist Aufgabe eines jeden Paares.

13. Üben Sie sich in der Kunst der gegenseitigen Achtsamkeit

Wichtige Fragen in einer Partnerschaft sind eigentlich immer:
- Wie gehen wir zurzeit miteinander um?

- Sind wir feinfühlig miteinander?
- Übersehen wir den anderen zurzeit oft, weil wir so stark mit uns selbst oder unserem Beruf beschäftigt sind?
- Nehmen wir Körpersignale und die Wünsche des anderen wahr oder neigen wir dazu, gar nicht richtig hinzuschauen?

Der Mangel an Achtsamkeit ist häufiger Grund gegenseitiger, manchmal sogar tiefer Kränkungen. Wer oft das Gefühl hat, nicht wirklich wahrgenommen oder sogar übersehen zu werden, zieht sich resigniert zurück oder fühlt sich sogar missachtet und nicht mehr geliebt. Ein bisschen mehr gegenseitige Achtsamkeit kann hier manchmal kleine Wunder wirken.

Achtsam zu sein, heißt im Grunde nichts anderes, als seine Konzentration ganz auf das Hier und Jetzt zu lenken. Ohne zu bewerten, einfach wahrzunehmen:
- Was ist jetzt?
- Was fühle ich?
- Was nehme ich wahr?

Das ist in Zeiten der betriebsamen Geschäftigkeit und Alltagshektik zwar manchmal ungewohnt, lässt ich mit etwas Übung aber wunderbar in den Alltag integrieren und kann dann zur wahren Kraftquelle nicht nur für den Einzelnen, sondern auch für Paare werden.

Achtsam zu sein, heißt auch, unangenehme Gefühle oder Stimmungen aufzunehmen und einfach nur zu akzeptieren. Es geht nicht darum, alle erspürten Missstimmungen sofort aufzulösen oder wahrgenommene Erwartungen zu erfüllen. Es geht darum, für das, was sich gerade im eigenen Körper, in der eigenen Seele, in meinem Gegenüber oder im Raum abspielt, feinere Antennen zu entwickeln. Das macht uns nachhaltig sensibler für uns selbst und auch für andere Menschen.

Versuchen Sie also, achtsamer mit sich und Ihrem Partner/Ihrer Partnerin umzugehen:
- Was nehmen Sie wahr, wenn Sie gelegentlich Ihren Partner beobachten? Versuchen Sie zu beschreiben, ohne zu bewerten.
- Was für Gefühle löst das in Ihnen aus?
- Wann fällt es Ihnen leicht, achtsam zu sein, wann schwerer?
- Haben Sie das Gefühl, Ihren Partner oft genau wahrzunehmen? Oder geht Ihnen da auch viel durch die Lappen?

- Haben Sie das Gefühl, von Ihrem Partner (ab und zu) wirklich wahrgenommen zu werden?

14. Hören Sie einander zu und führen Sie Zwiegespräche

Wesentliche Gespräche miteinander zu führen, ist für ein Paar eigentlich unabdingbar, um auf einer tieferen Ebene miteinander in Kontakt zu bleiben. Also nicht nur über äußerliche Themen wie den Job, das Wetter und die Ausbildung der Kinder zu sprechen, sondern auch über Themen zu reden, die unser »Wesen« betreffen, über Themen, die uns besonders berühren. Das kann natürlich auch den Job betreffen, es geht aber letztlich nicht darum, sich über den Chef aufzuregen, sondern zu schauen, was genau mich daran nun ärgert, berührt oder anderweitig beschäftigt.

Eine wunderbare Möglichkeit, auf besondere Weise in einen wesentlichen Dialog miteinander zu treten, ist das sogenannte »Zwiegespräch«. Der Paartherapeut Michael Lukas Moeller hat diese Form des Paar-Gesprächs von einigen Jahrzehnten entwickelt und zahlreichen Klientinnen und Klienten in Seminaren und Kursen nahegebracht. Die Ergebnisse waren frappierend: Selbst Paare, die schon lange bewusst den intensiven Austausch miteinander pflegten, lernten sich nochmals auf ganz andere Weise kennen. Nicht alle Erfahrungen, die sie dabei miteinander machten, waren ausschließlich schön, aber sie fanden doch ein tieferes Verständnis füreinander, was ihre Beziehung grundlegend stärkte.

Moeller bezeichnet Zwiegespräche auch als »Fenster zum gemeinsamen Unbewussten«[18]. Und als Aphrodisiakum: Denn das lebendige Paar, das aus den Zwiegesprächen erwachse – so Moeller sinngemäß – sei eine einzige erogene Zone. Na dann: Viel Spaß beim Ausprobieren!

Der intime Dialog: Anleitung für Zwiegespräche

In Zwiegesprächen geht es darum, sich auf einer tieferen Ebene gegenseitig etwas von sich mitzuteilen und zu zeigen. Das braucht gegenseitiges Vertrauen und eine Schutzzone, in der man sich geborgen fühlt. Das Zwiegespräch läuft nach festgelegten Regeln und einem bestimmten Schema ab, die strikt eingehalten werden müssen. Auch wenn Ihnen das anfangs merkwürdig, künstlich oder konstruiert zu sein scheint: Lassen Sie sich einfach mal auf dieses Experiment ein und schauen Sie, was passiert.

- Verabreden Sie sich einmal in der Woche für anderthalb Stunden in einem Zimmer, in dem Sie sich wohlfühlen und in dem Sie absolut ungestört sind. Telefon und Handys müssen abgestellt sein und auch kein Kind oder sonstiger Verwandter darf in diese Sitzung hineinplatzen.

  (Manche Paare scheitern tatsächlich schon an der Aufgabe, für sich einen guten und sicheren Ort zu schaffen, an dem Sie ungestört miteinander sein können. Diese Paare haben oft große Angst davor, sich wirklich zu begegnen, und nutzen jede Gelegenheit, um sich voneinander ablenken zu lassen. Ausreden wie »Das geht nicht, weil …« sind fast immer ein Zeichen tiefster Abwehr und Ängste.)

- Jeder Partner hat 15 Minuten Zeit, über sich zu sprechen. Der andere hört ausschließlich zu. Dann wird getauscht und der andere darf 15 Minuten von sich sprechen. Anschließend wieder der erste usw., bis die Zeit um ist. Wichtig ist, dass jeder genau die gleiche Redezeit zur Verfügung hat.

- Der, der gerade spricht, darf ausschließlich von sich selbst reden, also nur »Ich-Botschaften« senden. Die Aufgabe besteht darin, die eigene Befindlichkeit mitzuteilen:
  - Wo stehe ich gerade?
  - Was beschäftigt, was bewegt mich?
  - Wie geht es mir?
  - Was bedrückt mich?
  - Was erlebe ich gerade?
  - Was fordert mich zurzeit heraus?

  usw.

  Nicht gestattet sind:
  - Du-Botschaften,
  - versteckte Du-Botschaften,
  - Vorwürfe an den Partner / die Partnerin
  - Ratschläge an den Partner / die Partnerin
  - Erklärungen oder Deutungen dessen, was der andere vorher gesagt hat.

- Der andere, der gerade nicht spricht, hört seinem Partner aufmerksam und einfühlsam zu. Er darf aber nichts fragen, nichts kommentieren und sollte sich auch jeden nonverbalen Kommentar sparen. Er sollte während des Zuhörens darauf achten, dass er (auch innerlich) jede Bewertung dessen, was der Partner sagt, vermeidet, und weder Kritik daran äußert noch irgendetwas daran verbessert oder relativiert oder auf andere Weise »abwertet«. Es geht also darum, das Gehörte hundertprozentig so stehen zu lassen, wie es gesagt wurde, und es so zu akzeptieren – auch, wenn wir andere Ansichten haben oder uns das Gesagte auf andere Art irgendwie berührt haben mag.

- Wenn das Zwiegespräch beendet ist, fangen Sie bloß nicht an, über die angesprochenen Themen zu diskutieren oder sie zu zerreden. Lassen Sie das Gesagte so stehen. Wenn Sie mögen, können Sie anschließend zusammen kochen oder etwas unternehmen; wenn Ihnen eher danach ist, sich zurückzuziehen, ist das natürlich auch in Ordnung. Nur hüten Sie sich davor, Ihrem Partner nach einer Weile das, was er gesagt hat, um die Ohren zu hauen oder sich darüber abwertend zu äußern. Nutzen Sie vielleicht eher die nächste Sitzung, um über die Gefühle, die Ihr Partner bei Ihnen ausgelöst hat, zu reden. Dafür gelten dann wieder die oben genannten Regeln. Vermeiden Sie Schuldzuschreibungen und Vorwürfe. Bleiben Sie bei sich.

Das genau ist die hohe Kunst des Zwiegespräches: Emotional ganz bei sich zu bleiben und gleichzeitig ganz nah am Erleben des anderen zu sein! Keiner sagt, dass das leicht ist. Aber es ist bereichernd und äußerst interessant. So lernen Sie sich wirklich kennen! Probieren Sie es aus! Es lohnt sich.

15. *Hoch hinaus! Stecken Sie sich gemeinsame Ziele und entwickeln Sie gemeinsame Pläne*

Für jedes Paar ist es wichtig, gemeinsame Ziele zu haben und sich auf etwas zusammen freuen zu können. Zunächst waren da vielleicht die Kinder und das Haus; jeder hat in seinem Job Fuß gefasst. Diese Ziele sind nun alle erreicht. Und nun? Besonders in der Lebensmitte, in der viele Menschen so etwas wie eine Sinnkrise erleiden, ist es wichtig, sich neue gemeinsame Ziele zu setzen und Träume zu haben: Könnte das eine schöne Reise sein? Oder ein gemeinsames Hobby? Vielleicht ein Umzug? Was ist Ihr gemeinsamer Traum? Überlegen Sie gemeinsam, was Ihnen zum Glück noch fehlt und wie Sie Ihren gemeinsamen Traum in die Tat umsetzen könnten. Die Zeit ist reif!

Welcome to the next level: Warum echte Intimität und lebendige Sexualität nichts für Feiglinge ist

In älteren Beziehungen, die der Alltag und das anstrengende Familienleben etwas abgeschliffen zu haben scheint, liegt bekanntermaßen manchmal die Sexualität brach. Zahlreiche niveaulose Stammtischwitze kursieren zu diesem Thema. Die leidenschaftlichen Zeiten der ersten Jahre sind lange vorbei, Routine und Erschöpfung machen sich auch im Bett breit. Irgendwie findet man einfach keine Zeit mehr füreinander und der Reiz aneinander verflüchtigt sich. Der Mann schnarcht, die Frau zieht aus dem Schlafzimmer aus; damit hat sich das Thema dann irgendwie von allein erledigt.

Das ist insofern schade, als Paartherapeutinnen und -therapeuten der Überzeugung sind, dass Sex durchaus intensiver und leidenschaftlicher werden kann, wenn wir eine gewisse menschliche Reife erlangt haben und tief miteinander vertraut sind. So schreibt z. B. der Sexualtherapeut David Schnarch: »Sinnerfüllte Sexualität beruht nicht auf physiologischen Reflexen, sondern setzt eine bestimmte Stufe der persönlichen Entwicklung voraus.«[19] Und er ist aufgrund seiner Arbeit zu folgender Ansicht gelangt: »Das Älterwerden ist, was die Sexualität angeht, keineswegs eine unvermeidliche Abwärtsspirale.«[20] Er beobachtete in seiner langjährigen sexualtherapeutischen Praxis nämlich, dass Männer und Frauen meistens erst ab 40+ in der Lage sind, sich in der leidenschaftlichen Begegnung wirklich offen zu zeigen, und so einen bisher nie gekannten Grad der Intimität miteinander erreichen. Das ist insofern eine neue Erkenntnis, als früher viele Therapeuten selbstverständlich davon ausgingen, dass Sex in jungen Jahren per se leidenschaftlicher und vitaler sein müsse. Dieser etwas altbackenen Theorie widersprechen aber die Aussagen vieler Klientinnen und Klienten, die in etwas reiferem Alter ihre Sexualität bewusster gestalten und besser genießen können: »Ältere Männer und Frauen berichten oft, dass ihre sexuellen Begegnungen erfüllender und ihre Orgasmen stärker sind als je zuvor.«[21]

Wenn das keine prickelnden Aussichten sind!

Kein Sex ist auch keine Lösung. Oder doch?

Trotzdem gibt es in langjährigen Beziehungen kaum einen Bereich, der so wenig bewusst gepflegt wird wie die Sexualität. »Wenn ich keine Lust mehr habe, dann ist das eben so«, heißt es dann lapidar. Oder: »So wichtig ist Sex ja nun auch wieder nicht.« Viele Paare lassen es einfach zu, dass ihre gemeinsame Sexualität eintönig wird oder sogar ganz einschläft. Doch warum eigentlich, wenn es doch so gute Aussichten auf erfüllenden Sex im gestiegenen Alter gibt?

Vielleicht wird in unserer Hochleistungsgesellschaft Sex ja tatsächlich auch irgendwie überbewertet. Zumindest in den Medien wird suggeriert, Sex sei das, was die Menschen am häufigsten machen. Sex ist omnipräsent, *sex sells*. Doch in Wahrheit haben viele Menschen Probleme mit der Sexualität. Manche haben es noch schlechter: Sie haben keine Probleme mit dem Sex, weil sie gar keinen mehr haben – zumindest nicht mit einer anderen Person.

In vielen Paar-Schlafzimmern herrscht Flaute im Bett, der Leistungsdruck im Beruf spielt dabei sicher häufig eine große Rolle. Wir wenden viel Energie auf, um im Job zu brillieren, und widmen uns oft zu wenig bewusst unserem Privatleben. Die sogenannte Work-Life-Balance gerät dann völlig aus den Fugen. Das gefährdet nicht nur die Gesundheit, sondern auch unsere intimen Beziehungen. Denn es ist längst wissenschaftlich bewiesen, dass Sex gut für Seele und Körper ist. Insbesondere das Herz-Kreislauf-System wird durch die körperliche Liebe gestärkt. Sex ist also ein Jungbrunnen! Allerdings wahrscheinlich auch wiederum nur dann, wenn man sich dabei gut und lebendig fühlt.

Manchmal ist die Flaute im Bett aber auch schlich Bequemlichkeit: Viele Paare akzeptieren klaglos einen Verlust von Libido und Leidenschaft, weil ihnen irgendwie nicht klar ist, dass man Zärtlichkeit und Intimität pflegen muss. Wer für das gemeinsame Intimleben keine Zeit, Energie und auch mal ein bisschen Arbeit aufwendet, muss sich nicht wundern, dass das Liebesleben langsam aber sicher seinen Atem aushaucht.

Vielleicht schläft die gemeinsame Sexualität in langjährigen Partnerschaften auch deshalb ein, weil den Partnern Sex tatsächlich einfach nicht so wichtig ist. Sie fühlen sich vielleicht trotzdem einander nah und verbunden. Wer sagt denn, dass Sex immer eine Rolle spielen muss? Das ist natürlich völlig in Ordnung. Kein Mensch muss sich deswegen rechtfertigen, wenn ihm Sex nicht so viel bedeutet. In einer Partnerschaft ist es dann allerdings wichtig, dass wirklich beide gleichermaßen zufrieden mit diesem »Bruder-und-Schwester«-Status sind. Betroffene Partner sollten das dann genau und ehrlich miteinander prüfen. Denn erfahrungsgemäß gibt es nämlich bei sexlos miteinander lebenden Paaren fast immer einen, der den Sex doch vermisst und unter dieser Entbehrung leidet. Man hat sich zwar vielleicht irgendwie daran gewöhnt und sich damit arrangiert. Aber wirklich glücklich damit sind viele dann doch nicht. In einem solchen Fall gilt es genauer hinzuschauen:

- Wann haben wir aufgehört, uns sexuell füreinander zu interessieren?
- Gab es eine Kränkung, auf die der andere mit Liebesentzug oder mit Verweigerung der Sexualität reagiert hat?
- Von wem ging das aus? Wer hat sich zuerst zurückgezogen? Wie hat er/sie das getan? Gab es eine Erklärung oder Begründung?
- Gab es Gespräche, in denen das Thema aufgegriffen wurde?
- Wie hat der andere reagiert? Hat er/sie sich ebenfalls resigniert zurückgezogen? Oder hat er/sie um die »Rettung der Sexualität« gekämpft? Welche Gefühle hatte (und hat) der sexuell »Zurückgewiesene«?

Wie ein Paar seine Sexualität lebt und gestaltet, ist schließlich auch ein feiner Indikator für den Gesamtzustand der Beziehung. Dabei geht es natürlich weder um die Quantität der sexuellen Aktivitäten noch um die praktizierten sexuellen Techniken, sondern vielmehr um den Grad der Intimität, den die Partner miteinander erleben: Sind sie miteinander vertraut und ehrlich umeinander bemüht? Können sie sich öffnen und auch in ihrer Verletzlichkeit und Bedürftigkeit zeigen? Gehen sie auf die Bedürfnisse des anderen ein? Wie lebendig gestaltet sich die Beziehung im Bett?

Wenn Sie das Gefühl haben, dass Ihre Sexualität eine deutliche Wiederbelebung bräuchte, könnten Sie sich einmal folgende Fragen stellen:

Wie gefällt mir unser Liebesleben?

- Was finde ich an meinem Partner/meiner Partnerin attraktiv?
- Was hat ihn/sie für mich früher so reizvoll gemacht?
- Wie steht es um unsere Zärtlichkeit?
- Fühle ich mich begehrt und »gemeint«?
- Begehre ich meinen Partner/meine Partnerin?
- Welche Veränderungen wünsche ich mir im sexuellen Bereich?

Wenn Sie neugierig sind, können Sie sich auch mal Ihre gemeinsame erotische Kultur ansehen. Beschäftigen Sie sich dann am besten beide gemeinsam mit diesen Fragen:

- Wie gestalten Sie Ihr Sexualleben?

- Welche ausgesprochenen und unausgesprochenen Regeln herrschen in Ihrer Sexualität?
- Wie offen sind Sie im sexuellen Umgang miteinander?
- Können Sie offen über Ihre Bedürfnisse und sexuellen Vorlieben sprechen?
- Können Sie mit den Unterschieden gut umgehen?
- Welche Rituale gibt es? Wie flexibel können Sie mit diesen Ritualen umgehen?
- Was gefällt wem besonders?
- Wann war es mal anders als sonst? Wie fanden Sie das? Was hat das in Ihnen ausgelöst?
- Welche Tabus gibt es?
- Was müsste passieren, damit Sie eine sexuelle Begegnung als wirklich gelungen bezeichnen würden?
- Wer initiiert meistens eine sexuelle Begegnung?
- Wer kontrolliert die Häufigkeit der sexuellen Begegnungen (in der Regel ist das derjenige Partner, der weniger Interesse am Sex zeigt)? Was bringt ihm diese Kontrolle und warum braucht er sie?
- Was würden Sie gerne einmal ausprobieren?

Wenn es Ihnen schwerfällt, über diese Themen offen miteinander zu reden, schreiben Sie sich doch gegenseitig Briefe. Das kann auch sehr erotisierend sein!

Von erotischen Schnittmengen und kleinsten gemeinsamen Nennern
In der Sexualtherapie geht man davon aus, dass sich Paare in der Sexualität eher auf einen kleinsten gemeinsamen Nenner einigen, als dass sie ihr gesamtes sexuelles Spektrum ausleben. Was ist damit gemeint? Nun, jede Person ist ein sexuelles Wesen mit ganz eigenen Erfahrungen, Ängsten, Wünschen und Bedürfnissen. In der gemeinsamen Sexualität sorgen die Partner dann für eine sogenannte Passung: Es soll ja beiden »Spaß« machen, jeder nimmt Rücksicht auf den anderen, und keiner traut sich, dem anderen etwas zuzumuten, was dieser nicht machen will. Das ist so weit ein völlig normaler Prozess. Schließlich sind Rücksichtnahme und Vorsicht in intimen Situationen extrem wichtig. Erst aus der Bereitschaft, sich gegenseitig zu respektieren und zu achten, kann schließlich intimes Vertrauen erwachsen. Wenn Paare allerdings viele Jahre zusammenleben

und dieser sexuelle Minimalkonsens zum erotischen Schon- und Standardprogramm wird, ist Langeweile vorprogrammiert.

Gründe für diese sexuelle Stagnation sind in der Regel Ängste, sich zunehmend zu offenbaren. Lieber einigt man sich auf ein festgelegtes Ritual, mit dem man sich sozusagen auf sicherem Terrain befindet. Das hat den eindeutigen Vorteil, dass man sich sicher fühlen kann, weil aller Voraussicht nach nichts Unvorhergesehenes geschehen wird.

Wenn Sie sich jedoch vorstellen, Ihre gemeinsame Sexualität sei die Schnittmenge Ihrer jeweiligen sexuellen Identitäten, können Sie sich dann auch vorstellen, wie viel sexuelles Potenzial jedes Einzelnen brachliegt? Macht Sie das neugierig auf all das, was da noch entdeckt werden möchte? Oder macht Ihnen das ein bisschen Angst? Trösten Sie sich, denn das gehört dazu. Echte Intimität ist nichts für Feiglinge und Jungspunde. Und genau deshalb ist jetzt die richtige Zeit gekommen, um sich noch mehr Ihrem sexuellen Potenzial zu widmen. Da geht nämlich noch einiges!

Viele Sexualtherapeuten sind der Ansicht, dass die Sexualität in der Ehe bzw. in einer langjährigen Partnerschaft dann eintönig wird, wenn die Partner es nicht mehr wagen, sich über den kleinsten gemeinsamen Nenner hinaus gegenseitig als sexuelle Persönlichkeiten zu zeigen. Es ist offensichtlich leichter, in einer Affäre eine bisher verborgene Facette der Sexualität zu leben, als diesen Aspekt dem langjährigen Partner oder der Partnerin preiszugeben. Innerhalb der Beziehung sexuell zu experimentieren, ist also für viele Menschen eine weit größere Herausforderung, als einen »Seitensprung« zu wagen!

Dahinter stecken einerseits natürlich oft Schamgefühle. Aber auch die Sorge, von dem geliebten Menschen abgelehnt und zurückgewiesen zu werden, spielt eine große Rolle. Um solche Irritationen in der Beziehung zu vermeiden, verstellen sich Menschen dann lieber. Entweder sie passen sich dann den Forderungen des anderen an und geben sich mit dem zufrieden, was sie bekommen, ohne sich wirklich zeigen zu müssen. Dass das Ergebnis dann auf Dauer zu einer Art Schmalspursex verkommen kann, ist nicht sehr verwunderlich.

Die andere, noch etwas radikalere Möglichkeit, sich dem Partner nicht in seiner Bedürftigkeit zeigen zu müssen, ist die generelle Verweigerung von Nähe und Intimität. Wenn ich nicht bereit bin, mich mit meinen sexuellen Fantasien oder Wünschen zu zeigen, wende ich mich von meinem Partner / meiner Partnerin lieber komplett ab. Das ist allemal sicherer: So riskiert man nämlich weder Ablehnung noch Liebesentzug. Passieren tut dann allerdings gar nichts mehr.

Wenn Partner auch nach vielen Jahren noch offen und neugierig aufeinander sind, dann wird sich auch ihre gemeinsame Sexualität weiterentwickeln. Eine Möglichkeit wäre zum Beispiel, das »sexuelle Restpotenzial« des Partners kennenlernen zu wollen. Und umgekehrt auch immer mehr von seinen eigenen sexuellen Wünschen zu zeigen. Dazu gehört schon ein bisschen Mut. Und ein gehöriges Maß an persönlicher Differenzierung.

Immer mehr ich werden: Differenzierung als Grundlage einer selbstbestimmten Sexualität

Es hört sich vielleicht etwas trivial an, dass eine Partnerschaft aus zwei Individuen besteht. Doch besonders in langjährigen Beziehungen gehen wir allzu oft davon aus, den anderen gut zu kennen. Das ist ein Fehler. Lieber sollten wir auch im sexueller Hinsicht immer mal wieder zu der schönen (oben schon erwähnten) Moeller'schen Grundannahme zurückkehren: »Ich bin nicht du, ich weiß dich nicht.« Denn auch wenn wir schon eine gemeinsame sexuelle Geschichte miteinander haben, so bringen wir doch sexuell sehr unterschiedliche Profile mit in die Partnerschaft. Und wir verändern und entwickeln uns ja auch. Je mehr jeder von seinem sexuellen Profil mit einbringen kann, desto reicher und lebendiger wird das Liebesleben sein.

So sollten wir auch an unserer Differenzierung arbeiten, also weiterhin versuchen, ein stabiles Selbst auszubilden, das in gewisser Weise unabhängiger vom Partner macht. Denn nur wer ein stabiles Selbst hat, kann auch »im engen Kontakt zu anderen sein Identitätsempfinden [...] wahren«[22]. Das ist in Partnerschaften ohnehin Gold wert, aber natürlich auch der Sexualität sehr zuträglich.

Je differenzierter jemand ist,

* desto unabhängiger wird er von der Bestätigung des Partners sein,
* desto besser kann er bei sich bleiben, auch wenn der andere die eigenen Wünsche ablehnt oder sich nicht bestätigend verhält,
* desto besser kann er eigene Ängste regulieren und desto weniger ist er darauf angewiesen, dass der Partner ihm diese Ängste nimmt,
* desto selbstreflexiver und selbstbewusster ist er; er ist sich dann seiner eigenen Identität bewusst und braucht nicht immer den anderen als Krücke seiner selbst,

- desto weniger muss er den Partner funktionalisieren; er braucht ihn also weniger, um eigene Wunden zu heilen oder das eigene Selbstwertgefühl zu stabilisieren,
- desto besser kann er seine Gefühle wahrnehmen, ohne sich ihnen ausgeliefert zu fühlen,
- desto eher ist er in der Lage, etwas von sich zu zeigen und sich dem Partner zu offenbaren,
- desto unabhängiger ist er von einer »Gegenleistung« des Partners,
- desto besser kann er Gefühle, Wünsche und Äußerungen des Partners akzeptieren, ohne diese gleich übernehmen zu müssen,
- desto besser ist er in der Lage, den Partner als unabhängige Person zu sehen, der nicht für die Befriedigung der eigenen Bedürfnisse zuständig ist und der ebenso für sich selber verantwortlich ist,
- desto weniger Angst vor Ablehnung wird er haben; dadurch kann echte und tiefe Intimität überhaupt erst entstehen,
- desto gelassener kann er bleiben, wenn der Partner heftig reagiert, laut wird oder ihn die Angst überkommt.[23]

Du und ich: Wo stehen wir?

An welchem Punkt der Differenzierung stehen Sie? An welchem Punkt der Differenzierung steht Ihr Partner? (In der Regel sind sich Partner in ihrem Differenzierungsgrad übrigens sehr ähnlich. Es ist also relativ unwahrscheinlich, dass der eine Partner sehr viel differenzierter ist als der andere.) Fragen Sie sich:
- Inwieweit sind Sie von der Bestätigung durch Ihren Partner abhängig?
- Wie ist das bei Ihrem Partner?
- Und wie könnten Sie mehr zu sich selber finden und innerlich unabhängiger davon werden?

Um es nochmals klarzustellen: Es geht keineswegs darum, sich emotional abzuwenden oder zurückzuziehen. Es geht auch nicht darum, unverletzbarer zu werden oder gar »dichtzumachen«. Ganz im Gegenteil: Es geht darum, einerseits ganz man selbst zu sein und dadurch auch andererseits ganz bei dem Partner sein zu können, also sich zu öffnen, sich zu zeigen und dadurch auch verletzbar zu machen. Das kann man erst, wenn man weiß, dass man Kränkungen auch ertragen kann, dass man nicht gleich sein ganzes Selbstbewusstsein verliert, wenn man vom Partner nicht dauernd Bestätigung, sondern auch mal Kontra oder eine Abfuhr erfährt. Das gelingt erst, wenn wir eine gewisse innere Stabilität und Souveränität gewonnen haben. Insofern ist die Lebensmitte ein sehr günstiger Zeitpunkt, in der Partnerschaft und der Sexualität noch einmal einen qualitativen Quantensprung zu wagen! Wir sind jetzt reif dafür!

Wenn es speziell um das Thema »Sexualität« geht, könnten folgende Fragen relevant sein:

• Kann ich mich bedürftig zeigen, ohne Angst haben zu müssen, ausgenutzt, schlecht behandelt oder verletzt zu werden? Wenn nicht: Woher kommt das?

• Wie sieht es mit meiner Hingabefähigkeit aus? Kann ich mich und meinen Körper meinem Partner / meiner Partnerin wirklich anvertrauen? Oder fühle ich mich schnell ausgeliefert?

• Kann ich eine »Abfuhr« (»Nein, Schatz, heute nicht!« oder »Das finde ich aber merkwürdig, was du da machst!«) aushalten, ohne mich schlecht zu fühlen?

Lust auf mehr Intimität? Liebesgeflüster für Fortgeschrittene

Zum Schluss möchte ich Ihnen noch ein paar kleine Anregungen geben, die Sie nutzen können, wenn Sie an einer vertieften Intimität arbeiten wollen. Am besten machen Sie diese kleinen Übungen mit Ihrem Partner / Ihrer Partnerin zusammen. (Wenn er/sie keine Lust dazu hat, können Sie sie auch allein machen und so für sich selber weiterkommen.)

Suchen Sie sich das aus, was Sie beide am meisten interessiert. Sie können sich auch darauf einigen, diese Übungen erst alleine zu machen und sich dann anschließend darüber auszutauschen. Gut geeignet für einen solchen Austausch wäre z. B. auch ein erotisches Zwiegespräch, das nach den oben genannten Regeln ablaufen müsste.

Wenn diese Übungen Sie als Paar überfordern sollten, wenn sie bei Ihnen Ängste auslösen oder Sie darüber in Streit und Frust geraten, können Sie auch eine Paartherapeutin oder einen Sexualtherapeuten aufsuchen. Diese können Ihnen beiden dann einen geschützten Raum bieten, in dem Sie über diese intimen Themen miteinander reden können. Anfängliche Schamgefühle in einer Sexualtherapie sind zwar verständlich und normal, aber in der Regel schwinden sie bereits in der ersten Stunde, wenn man sich mit dem Therapeuten bzw. der Therapeutin wohlfühlt.

Nehmen Sie sich einen Abend Zeit, um ausschließlich über folgende Fragen miteinander zu sprechen:
*   Was macht mich als sexuelles Wesen aus?
*   Wie verstehe ich mich als Mann/als Frau?
*   Wie gut kenne ich das sexuelle Profil meines Partners/meiner Partnerin?
*   Wie gut kennt er/sie mein sexuelles Profil?
*   Was würde ich ihm/ihr gerne erzählen, habe mich bisher aber noch nicht getraut?
*   Was würde ich gerne von meinem Partner/meiner Partnerin wissen, macht mir aber auch ein wenig bang ums Herz?

Ziehen Sie zum Schluss (gemeinsam) ein Resümee:
*   Haben Sie etwas Neues voneinander gehört?
*   Haben Sie das Gefühl, Ihren Partner/Ihre Partnerin nun etwas besser zu kennen?
*   Wie geht es Ihnen damit?
*   Sind Sie gewillt, Ihren Partner/Ihre Partnerin tatsächlich so zu sehen, wie er/sie sich zeigt, oder wollen Sie lieber an Ihrem alten Bild von ihm/ihr festhalten?
*   Hat Sie das, was Sie erfahren haben, vielleicht berührt, verärgert oder verunsichert? Wenn ja, wie können Sie damit umgehen, ohne Ihren Partner/Ihre Partnerin nun zu entwerten oder das Gehörte zu marginalisieren?

Wie gesagt, Irritationen sind unter Umständen bei solchen »heißen Themen« nicht zu vermeiden. Sie dienen aber letztlich zur Erweiterung und Ergänzung der Kenntnis unseres Partners. Und dann auch möglicherweise zu einer vertieften Vertrautheit und Intimität.

Nehmen Sie sich Zeit, um über folgende Fragen miteinander zu sprechen:
*   Wie sieht meine sexuelle Biografie aus?

- Was habe ich erlebt, wie habe ich mich entwickelt?
- Was war mir wichtig?
- Was hat mich besonders irritiert?
- Was war ein besonders schönes Erlebnis?
- Was hat mich besonders geprägt?

Lassen Sie im Kopf bestimmte wichtige Erlebnisse Revue passieren und erzählen Sie diese Ihrem Partner/Ihrer Partnerin (wenn Sie mögen). Lassen Sie auch Erinnerungen an nicht so schöne sexuelle Erlebnisse und verwirrende Gefühle zu: Auch diese sind wichtig und gehören zu Ihrem Leben!

Anmerkung: Überlegen Sie sich vorher unbedingt, wie weit Sie bei dieser Übung gehen wollen. Sind Sie wirklich bereit, sehr Intimes von sich preiszugeben, auf die Gefahr hin, Ihren Partner zu irritieren? Wollen Sie umgekehrt von ihm etwas hören, das Sie vielleicht vor den Kopf stoßen könnte?

Wenn Sie sich bei dieser Übung gegenseitig zu sehr »schonen«, lernen Sie nicht viel Neues voneinander kennen. Also: Wie mutig sind Sie?

Überfordern Sie sich aber auch bitte nicht. Man kann sich diesem Thema auch immer mal wieder häppchenweise und wohldosiert nähern. Das ist allemal leichter, als einmal das gesamte persönliche Intimleben vor dem anderen auszubreiten.

Tipp 3: Besinnen Sie sich auf Ihre gemeinsame sexuelle Geschichte

Lassen Sie doch an einem gemütlichen Abend mal Ihre gemeinsame sexuelle Geschichte Revue passieren. Besprechen Sie dabei folgende Punkte:
- Wie war unser erster Sex?
- Was hat sich im Laufe der Jahre beim Sex verändert?
- Was ist schöner geworden, was hat nachgelassen?
- Wer fand was besonders aufregend?
- Wer fand etwas nicht schön, was hat einen Partner vielleicht sogar abgestoßen?
- Gab es Wendepunkte oder besondere Meilensteine in unserer sexuellen Beziehung? Welche waren das?

- In welcher Phase haben wir uns nicht genug umeinander bemüht?
- In welcher Phase war unser Liebesleben besonders belebt und aufregend? Woran lag das?

Tipp 4. Was soll noch kommen? Sprechen Sie über Ihre Wünsche

Nehmen Sie sich genug Zeit und besprechen Sie möglichst offen Ihre sexuellen Wünsche. (Bedenken Sie: Wünsche sind etwas anderes als Fantasien. Erotische Fantasien sind Kopfkino; sie müssen nicht unbedingt bedeuten, dass man sie realisieren möchte. Wünsche hingegen wollen in die Tat umgesetzt werden ...)
- Welche sexuellen Wünsche habe ich zurzeit?
- Welche sexuellen Wünsche hat mein Partner/meine Partnerin zurzeit?
- Wie bereit bin ich, auf die Wünsche meines Partners/meiner Partnerin einzugehen?
- Wieweit ist er/sie bereit, auf meine Wünsche einzugehen?
- Was würde ich vielleicht einmal ausprobieren wollen, ohne zu wissen, ob es mir gefällt? Wäre mein Partner/meine Partnerin auch bereit dazu?

Auch hier gilt: Wenn es Ihnen zu »heiß« oder zu unangenehm ist, darüber zu reden, sind kleine gegenseitige Briefe auch eine gute Möglichkeit.

Tipp 5: Schreiben Sie Ihr »ideales sexuelles Szenario« (ISS) und zeigen Sie es sich gegenseitig

Diese etwas delikate Übung hat der führende deutsche Sexualtherapeut Ulrich Clement eingeführt und hierzulande bekannt gemacht.[24] Es geht hierbei darum, sich dem Partner mit seiner sexuellen Lieblingsfantasie zu offenbaren – und zwar vollkommen unabhängig davon, ob diese dann irgendwie realisiert wird oder nicht. Es geht einfach darum, sich mit dem zu zeigen, was einem wichtig ist. Dazu gehört wirklich ein bisschen Mut, es kann aber auch viel Positives bewirken.

Bevor Sie loslegen, lesen Sie sich die folgenden Schritte sehr genau durch und überlegen Sie sehr gründlich, ob Sie sich auf diese Übung einlassen wollen.

- Jeder Partner nimmt ein Blatt Papier und einen Stift und schreibt seine ganze persönliche ideale sexuelle Begegnung auf. Und zwar vollkommen unabhängig vom Partner! Stellen Sie sich vor, Sie alleine hätten zu bestimmen, was passiert, und ignorieren Sie hartnäckig alle inneren moralischen Wächter. Was sollte passieren, wo und mit wem? Es ist in diesem Moment völlig gleichgültig, was Ihr Partner/Ihre Partnerin davon halten würde. Sie schreiben es ja zunächst nur und ganz alleine für sich selbst auf. Ganz ohne moralische Skrupel, Einschränkungen und Rücksichtnahmen. Seien Sie hier beim Aufschreiben einfach mal komplett hemmungslos.
- Mogeln Sie bitte keine indirekten Handlungsanweisungen oder gar Vorwürfe in Ihr ISS hinein. Beschreiben Sie einfach nur vollkommen egoistisch, wie Sie sich persönlich die perfekte sexuelle Begegnung vorstellen – wie, wo und mit wem auch immer.
- Im zweiten Schritt verhandeln Sie miteinander, ob Sie sich Ihr ISS gegenseitig zeigen wollen.

Die beiden relevanten Fragen lauten:

- – Will ich meinem Partner mein ISS zeigen?
- – Will ich das ISS meines Partners/meiner Partnerin hören/lesen?
- Wägen Sie Risiken und Chancen gründlich ab. Sprechen Sie über Ihre Ängste. Lassen Sie sich aber nicht dazu verleiten, den anderen im Vorfeld dazu zu verpflichten, nicht irritiert zu sein. Das geht nicht. Lassen Sie vielmehr zu, dass Ihr Partner verwirrt sein könnte und zeigen Sie sich bereit, diese Irritation auszuhalten.

Jeder entscheidet letztlich für sich allein, ob er/sie das ISS preisgeben möchte oder nicht. Überreden Sie sich nicht gegenseitig, sondern respektieren Sie die Entscheidung des anderen.

Folgende Varianten könnten dann herauskommen:

- – Partner A und Partner B möchten sich das ISS gegenseitig zeigen.
- – Weder Partner A noch Partner B möchten sich das ISS zeigen.

- Partner A möchte sein ISS nicht zeigen, aber das von Partner B sehen.
- Partner A möchte sein ISS zeigen, aber das von Partner B nicht sehen.
- Partner B möchte sein ISS nicht zeigen, aber das von Partner A sehen.
- Partner B möchte sein ISS zeigen, aber das von Partner A nicht sehen.

All diese Varianten sind in Ordnung, wenn beide Partner mit dieser Regelung einverstanden sind. Lassen Sie sich für diesen Verhandlungsprozess viel Zeit.

- Wenn einer oder beide ihr ISS offenlegen wollen, tun Sie das in einer ruhigen Stunde. Nehmen Sie sich viel Zeit miteinander und lassen Sie das Gelesene erst einmal sacken.

Machen Sie sich klar:

- Das ISS ist keine Aufforderung an den Partner, sondern eine reine Selbstoffenbarung. Sie sagt nur etwas über den Verfasser, nichts über den Partner aus.
- Der Partner ist in keiner Weise verpflichtet, die Wünsche oder Fantasien des anderen gut zu finden oder gar zu erfüllen.
- Gehen Sie respektvoll mit dem ISS des Partners um, auch wenn es Sie vielleicht befremden sollte. Sie möchten im Umkehrschluss ja auch nicht von ihm belächelt oder verlacht werden.
- Halten Sie sich mit gegenseitigen Bewertungen des ISS zurück. Sprechen Sie vielmehr über aufkommende Gefühle. Versuchen Sie, bei sich zu bleiben.
- Reden Sie über Schnittmengen, die Sie feststellen, aber besser noch über die Unterschiede: Wie wollen wir damit umgehen? Wie kann ich diese Differenz zwischen uns stehen lassen, ohne dass ich mich davon bedroht fühle?

Wie alle hilfreichen Übungen birgt auch die ISS-Übung so manche Nebenwirkungen und kann unangenehme Gefühle sowie mehr oder weniger hochgradige Verunsicherungen auslösen.

Machen Sie diese Übung also wirklich nur, wenn Sie sich psychisch stabil fühlen und auch ansonsten ganz gut drauf sind. Überfordern Sie sich nicht! Außerdem rennt Ihnen diese Übung ja nicht weg. Vielleicht ist jetzt (noch) nicht der passende Zeitpunkt gekommen, sondern erst in ein paar Jahren? Es ist schließlich nie zu spät, sich mit seinem Liebesleben zu befassen und sich seinem Partner / seiner Partnerin gegenüber nochmals ein Stückchen mehr zu »outen«.

Wenn Ihnen dieses Kapitel dabei geholfen hat, mental und sexuell weiterhin neugierig aufeinander zu sein, so hat es seinen Sinn erfüllt.

Wenden wir uns nun im letzten Kapitel dem Thema »Abschied und Neubeginn« zu. Es ist an diejenigen Leser und Leserinnen gerichtet, die sich mit dem Gedanken an Trennung tragen (oder diese bereits hinter sich haben) und sich auf den Weg in eine neue Partnerschaft wagen wollen. Es möchte ihnen Mut machen und ihnen helfen, erste Stolpersteine zu überwinden.

7. Abschied und Aufbruch
Was man aus einer Trennung lernen kann. Und warum es für das Glück zu zweit nie zu spät ist

Wenn Sie im Laufe der Lektüre nun doch zu dem Schluss gekommen sind, dass Ihre Ehe oder Partnerschaft am Nullpunkt angekommen zu sein scheint, fragen Sie sich vielleicht: Was nun? Gehen oder bleiben? Durchhalten oder aussteigen? Weiterkämpfen oder aufgeben?

Es ist schmerzhaft, sich eingestehen zu müssen, dass man es vielleicht nicht miteinander »geschafft« hat, auch wenn man sich noch so viel Mühe gegeben hat. Manchmal ist der einzige Weg, sich aus einer unglücklichen Ehe zu verabschieden, sie loszulassen. Insbesondere wenn ein Partner sich hartnäckig weigert, an der Beziehung zu arbeiten und sich mit dem anderen intensiv und ehrlich auseinanderzusetzen, wird es heikel. Bekanntermaßen sind es oft Männer, die weniger geneigt sind, sich in Sachen »Herzensangelegenheiten« dauerhaft zu engagieren. So gibt es viele Frauen, die sich jahrelang bemühen, ihre Ehe zu retten. Sie initiieren Veränderungsprozesse, arbeiten an sich und setzen sich selbstbewusst für ihre Ziele ein. Sie geben dann aber auch oft wieder klein bei, um den »Frieden« und die Ehe nicht zu gefährden oder weil sie sich doch nicht so recht trauen, ihre Ansprüche durchzusetzen. Viele Frauen sind ja doch irgendwie ein bisschen harmoniebedürftig und halten Spannungen nicht gut aus.

Wenn der Partner aber stoisch bleibt, die angesprochenen oder unausgesprochenen Paar-Probleme aussitzt und auf seinem pseudogemütlichen Plätzchen verharrt, ohne sich innerlich und äußerlich bewegen zu wollen, ist das Scheitern der Partnerschaft meistens nur eine Frage der Zeit.

Altes abschließen: Wunden lecken. Und die eigenen Anteile erkennen

Manchmal kapitulieren Frauen dann zwar innerlich und ziehen sich emotional aus der Beziehung zurück, verlassen ihren Mann aber nicht. Andere wiederum sehen keinen Sinn mehr darin, sich endlos aufzureiben für jemanden, der sich offensichtlich dazu entschlossen hat, einfach irgendwie den Status quo aufrechterhalten zu wollen. Und sei es nur, damit der Nachbar nicht merkt, wie schlimm es um den eigenen Haussegen steht. Sie gehen dann den mutigen Schritt der Trennung.

Mutig ist dieser Schritt insofern, als sie ja nicht wissen, was nun passieren wird. Kommt denn der Mann noch, mit dem sie die »echte«, gleichberechtigte Partnerschaft leben können, nach der sie sich sehnen? Oder werden sie den Rest ihres Lebens ohne Partner verbringen müssen? Trotz dieses gewissen Risikos sind Frauen immer öfter bereit, den Absprung zu wagen. So schmerzlich das anfangs vielleicht auch sein mag: Dieser schweren Entscheidung gehen in der Regel lange Jahre der Entbehrung und des Kämpfens voraus.

Noch schmerzlicher, als selbst zu gehen, ist es vielleicht, vom Partner wegen einer Jüngeren sitzen gelassen zu werden. Auch das kommt ja durchaus häufiger vor. Kränkend ist dann nicht nur die Tatsache, dass er sich einer anderen Frau mental und erotisch zuwendet, die einige Jahre weniger auf dem Buckel hat als man selber, sondern auch, dass damit sozusagen die eigene Reife entwertet zu werden scheint. Warum – so fragen sich viele Frauen dann – ist er nicht in der Lage, sich mit einer erwachsenen und selbstbewussten Frau auseinanderzusetzen? Warum flüchtet er zu »jungem Gemüse«, das ihm nicht viel entgegenzusetzen scheint, sondern ihm ausschließlich naive Bewunderung zukommen lässt?

Na ja, so simpel ist es zwar oft gar nicht. Aber der Schmerz, gegen sogenanntes »Frischfleisch« ausgetauscht zu werden, kann trotzdem sehr tief sitzen. Manche rationalisieren diesen dann, indem sie versuchen, die Motive des männlichen Partners mit Evolutionstheorien zu rechtfertigen. So wie die Schauspielerin Marianne Sägebrecht, die die Meinung vertritt, ältere Männer sollten zwei Frauen haben können, nämlich »eine junge Frau, mit der er Sex hat. Und eine Gleichaltrige, mit der er sich geistig und seelisch austauschen kann.« Ihre Erklärung: »Wenn ein Mann älter wird, bekommt er biologisch noch einmal einen Fortpflanzungsdrang. Es ist ganz natürlich, dass er sich mit jungen Frauen einlässt, die ihm vielleicht noch ein Kind schenken können«[25], so Sägebrecht. Bei aller verständlichen Wut, Enttäuschung und Trauer, sollten verlassene Frauen aber nicht dauerhaft dem Glauben aufsitzen, nur die Jüngere, die ihr den Mann ja schließlich ausgespannt habe, sei daran schuld. Abgesehen davon, dass es um Schuld natürlich ohnehin gar nicht geht.

Die hinter dieser Entwicklung liegenden Prozesse sind meistens sehr komplex und werden oft erst im Nachhinein sichtbar z. B. in einer Therapie. Sie laufen in der Regal unbewusst ab und sind von daher kaum steuerbar. Auch wenn es zunächst klar zu sein scheint, wer hier das Opfer und wer Täter ist, könnte man sich folgende Fragen stellen: Hat dem Mann vielleicht doch etwas gefehlt in der Ehe? Wie lebendig war unser Miteinander vorher? Habe ich mich vielleicht manchmal geweigert, bestimmte Signale rechtzeitig zu erkennen?

Wobei es bei diesen Fragen – wie gesagt – niemals um Schuld gehen sollte, sondern nur um Erkenntnisgewinn. Den eigenen Anteil am Scheitern der Beziehung zu suchen, kann erstens helfen, selber weiterzukommen, sich über die eigenen Verhaltensmuster und -strukturen klarer zu werden. Und zweitens ist es auch wichtig für die Zukunft: Wollen wir nämlich vielleicht doch nochmals mit jemand anderem zusammen ins Glück starten, ist es hilfreich, die alten »Fehler« nicht unbedingt wiederholen zu müssen.

Sollten Sie also eine Trennung hinter sich haben, so könnten jetzt folgende Themen für Sie wichtig sein:

Was kann ich durch die Trennung über mich lernen?

- Was hat mich am meisten verletzt? An welchem wunden Punkt hat mich mein Ex-Partner/meine Ex-Partnerin schwer getroffen?
- Wie gehe ich mit dieser Verletzung um? Was kann ich tun, damit diese Wunden heilen können? Wer kann mir dabei helfen?
- Bin ich auch erleichtert?
- Was habe ich dazu beigetragen, dass die Beziehung gescheitert ist?
- Welche unbewussten Muster sind bei uns abgelaufen, die vielleicht echte Nähe und Wachstum verhindert haben?
- Hat mein Partner/meine Partnerin mir Vorwürfe gemacht? Welche waren das? Hat er/sie mit einigen davon vielleicht Recht gehabt?
- Wie bin ich mit diesen Vorwürfen umgegangen? Habe ich sie dauerhaft abgewehrt oder habe ich sie mir ernsthaft zu Herzen genommen?

Sich mit diesen Fragen nach den eigenen Anteilen zu beschäftigen, die möglicherweise mit zum »Scheitern« der Beziehung beigetragen haben, ist zugegebenermaßen sehr unangenehm. Viel leichter ist es, die Schuld und Verantwortung beim anderen zu suchen: »Er hat mich vernachlässigt!« – »Sie ist mir untreu gewesen!« – »Er war unaufmerksam und hat sich nicht um mich bemüht!« Doch das ist ja nur die halbe Wahrheit. Die andere Hälfte der Wahrheit ist vielleicht, dass wir vieles zu lange ertragen haben, ohne etwas daran zu ändern. Dass wir vielleicht auch nicht immer das gegeben haben, was der Partner sich gewünscht hat. Dass wir auch unsere unbewussten »Spielchen« mit ihm gespielt haben, die mehr mit unseren eigenen kleinen Neurosen zu tun haben als mit dem Partner an unserer Seite. All das kann man auch wahrscheinlich erst mit einem gewissen emotionalen Abstand betrachten. Erst wenn die ersten heftigen Aufwallungen von Wut oder Enttäuschung verflogen sind, kann der Blick auch auf das eigene Verhalten geworfen werden. Doch das sollten wir dann auch tun.

Sich mit den eigenen Anteilen zu beschäftigen, hilft aber auch dabei, sich aus der Opferrolle zu befreien. Besonders, wenn man der verlassene Partner ist, ist es naheliegend, über die Schlechtigkeit des anderen herzuziehen und sich selbst zum hilflosen Opfer zu stilisieren. Das ist ein verständlicher Reflex. Auf Dauer ist es aber nicht hilfreich, weil es viele andere Aspekte der Beziehung und der Trennung überschattet und verfremdet.

Bei der Beschäftigung damit, was man selber – bewusst oder unbewusst – zur Trennung beigetragen hat, kann man sehr viel über sich lernen. Ich sage nicht, dass das ein einfacher oder schmerzfreier Prozess ist. Aber Sie kommen Ihrem Selbst damit immer näher! Und das ist ja – wie wir bereits wissen – auch wiederum eine gute Grundlage für eine nächste gelingende und befriedigende Partnerschaft.

Auf zu neuen Ufern: Auf Partnersuche gehen

Wenn Sie sich mit dem Gedanken tragen, sich auf eine neue Partnerschaft einlassen zu wollen, gruselt Sie vielleicht die Vorstellung, keinen passenden Partner mehr zu finden. Und in der Tat: Besonders für eine Frau über 50 ist es manchmal schwierig, einen adäquaten Partner zu finden. Vor allem, wenn sie gebildet ist, berufliche Erfolg vorzuweisen hat und selbstbewusst auftritt. Das macht Männern offensichtlich manchmal noch gehörig Angst. In allen Partnerbörsen im Internet lässt sich zudem der Trend feststellen, dass ältere Männer nicht etwa nach gleichaltrigen, sondern nach jüngeren Frauen Ausschau halten. Bereits durch die Eingabe des gewünschten Alters des Partners in den entsprechenden Fragebogen ist also die Wahrscheinlichkeit gering, dass eine 50-jährige Frau einen 50-jährigen Mann kennenlernen wird.

Gleichermaßen sind Single-Frauen oft sehr anspruchsvoll: Sie wollen verständlicherweise Männer, die ihrem Niveau mindestens gewachsen sind, wenn nicht sogar überlegen. Sie wollen aber auch in der Regel, dass die Männer mindestens genauso erfolgreich sind wie sie selbst und über ebenso viel Geld verfügen. Nur wenige Frauen halten es für akzeptabel, sich mit einem Mann zu zeigen, der eine schlechtere Ausbildung vorzuweisen hat als sie selber oder womöglich einen halben Kopf kleiner ist.

Warum aber halten Frauen so hartnäckig an einem solchen archaischen Beuteschema fest? Warum ertragen sie die Vorstellung nicht, der besser verdienende Part zu sein?

Nun ja. Dass Frauen in höhere berufliche Positionen gelangen, ist eben erst seit kurzer Zeit möglich. Über Jahrhunderte waren sie darauf gepolt, sich einen Ernährer zu suchen, der sie und ihre Kinder gut versorgen kann. Daran halten wir offensichtlich unbewusst noch fest. Das ist vielleicht verständlich, aber nicht unabänderlich. Denn wir können uns sehr wohl fragen, ob wir an einem konventionellen Weltbild festhalten oder dieses unter Umständen modifizieren wollen. Wir können uns auch überlegen, was an einer unkonventionellen Partnerschaft vielleicht besonders reizvoll sein könnte. Besonders wenn der Kinderwunsch keine Rolle mehr spielt, sind wir doch von den gängigen gesellschaftlichen Werten wie finanzielle Sicherheit, Erfolg usw. sehr viel unabhängiger als früher. Das ist ja der Vorteil, wenn man älter wird: Man ist nicht mehr so angewiesen auf das Urteil anderer. Ist man in jüngeren Jahren immer noch latent darauf bedacht, den Eltern zu gefallen, so ist das mittlerweile höchstwahrscheinlich weniger wichtig. Und was, wenn die eigenen (halb)erwachsenen Kinder sich wundern? Lassen Sie sie sich einfach wundern. Das dürfen sie. Aber wir müssen uns ja trotzdem nicht nach ihnen richten. Wir sind nicht auf der Welt, um unseren Kindern alles recht zu machen, und schon gar nicht, wenn es sich für uns falsch anfühlt.

Also nur Mut: Machen Sie sich Ihr Beuteschema klar und arbeiten Sie damit!

Wie soll er denn sein? Analysieren Sie Ihr Beuteschema und prüfen Sie, was Sie geben wollen

Um sich klar zu werden, was uns eigentlich in einer Beziehung wichtig ist, reicht es nicht, sich das Negative der vorherigen Partnerschaft anzuschauen und sich dann einfach das Gegenteil dessen zu wünschen. Auch wenn es naheliegend ist, diesmal nach einem »anderen Typ« Ausschau halten zu wollen – es bringt uns leider nicht viel. Im Grunde genommen laufen wir damit nur vor unseren eigenen Problemen davon. Besser ist es hingegen, klar und positiv zu formulieren, was wir uns von einem Partner/einer Partnerin wünschen. Wünschen Sie also einfach mal drauflos:

Mein zukünftiger Partner sollte ...
• Schreiben Sie ungefähr 15 Punkte auf, die Ihnen besonders wichtig sind. Seien Sie dabei möglichst präzise.
• Lassen Sie die Liste dann eine Weile ruhen.
• Nehmen Sie das Geschriebene bei Gelegenheit wieder zur Hand und streichen Sie jetzt spontan die fünf Aspekte, die Sie vielleicht dann doch für reichlich übertrieben oder unwichtig halten.
• Den Rest sortieren Sie so, dass Sie später eine Prioritätenliste haben.
Nun wissen Sie also, was Ihnen am wichtigsten ist.

Im nächsten Schritt legen Sie eine zweite Liste an:
• Nennen Sie 10 Dinge, die Sie Ihrem zukünftigen Partner bereit sind zu geben. Denn wie Sie ja wissen, besteht die Liebe in erster Linie aus Geben und weniger aus dem Nehmen.
• Prüfen Sie, ob Sie auch nicht zu viel versprechen oder zu unkonkret, also schwammig in Ihren Angaben sind. Schreiben Sie realistisch, also lieber »Ich werde mich bemühen, oft ein offenes Ohr zu haben« statt »Ich werde immer für ihn da sein«.

Wenn Sie diese beiden Listen fertig geschrieben haben, wissen Sie nicht nur, was Sie sich von einem Partner wünschen, sondern auch, was Sie alles zu bieten haben. Es wird eine ganze Menge sein! Mit diesem Pfund unterm Arm können Sie nun getrost auf Partnersuche gehen. Sie wissen, was Sie wollen und was Sie geben können.

Das ist eine gute Voraussetzung dafür, um sich nun nach dem »Richtigen« umzusehen.

Partnersuche im Netz: Chancen, Risiken und Nebenwirkungen

Die Partnersuche der »Generation 50+« ist sowohl in der Zeitung und vor allem in Internet ein riesiger, lukrativer Markt geworden. Immer mehr Singlebörsen für ältere und gebildete Menschen profitieren von dem Bedürfnis, einen passenden Partner zu finden. So weit, so gut. Warum sollte man dieses Medium nicht genauso nutzen wie die Kneipe um die Ecke oder die Ü40-Partys?

Natürlich ist die Partnersuche im Internet bequem, spannend und sicher auch manchmal erfolgreich. Sie birgt aber auch ein paar kleinere Risiken. Wenn das gegenseitige Interesse nämlich beispielsweise zu lange virtuell bleibt, können die beiden Suchenden in der Zwischenzeit schon völlig verzerrte Bilder voneinander entwickelt haben. Dann entpuppt sich der poetischste Schreiberling vielleicht beim ersten Date als zurückgezogener Sonderling oder der auf dem Foto blendend aussehende Manager outet sich als graue Maus. Es ist also zu empfehlen, den gegenseitigen Austausch nicht zu lange nur über das Internet zu pflegen, sondern relativ schnell zum Telefonhörer zu greifen oder gleich ein Treffen im *real life* zu organisieren. Wir sind alle Sinnenmenschen und reagieren hochsensibel auf das, was andere Menschen ausstrahlen. Innerhalb von Sekunden wissen wir schließlich, ob wir den anderen riechen können oder nicht. Der erste Eindruck kann sich natürlich nachher verändern, wenn man jemanden wirklich kennenlernt. Trotzdem ist ein persönlicher Kontakt weit aussagekräftiger als ein rein virtueller.

Wenn Sie merken, dass Sie ein echtes Date immer möglichst lange hinauszögern, dann könnte das ein Zeichen dafür sein, dass Sie noch gar nicht bereit für eine neue Partnerschaft sind. Dann sollten Sie überlegen, woran das liegen könnte und welche Punkte für Sie vielleicht noch nicht geklärt und innerlich »abgehakt« sind. Wollen Sie vielleicht nur Ihren »Marktwert« testen, ohne dass Sie vorhaben, sich tatsächlich auf jemanden einzulassen? Ist es ein netter Zeitvertreib für Sie, sich mit Unbekannten E-Mails zu schreiben? Reizt Sie dabei die Anonymität des Internets oder entlastet Sie die Vorstellung, dass der andere Sie nicht wirklich kennt? All das ist in Ordnung, allerdings keine gute Grundlage dafür, um einen echten Partner zu finden. Machen Sie sich also Ihre Ziele klar. Seien Sie ehrlich mit sich. Dann werden Sie unter Umständen auch verstehen, warum Sie möglicherweise keinen passenden Partner finden: Sie wollen vielleicht gerade gar keinen oder haben einfach zu viel Angst davor.

Wenn Sie sich also tatkräftig auf Partnersuche im Internet begeben, so ist es ratsam,

- das Ganze eher spielerisch zu sehen,
- auch ansonsten keine Gelegenheit auszulassen, unter Leute zu kommen: Die Chance, jemanden im »echten Leben« kennenzulernen, der einem gefällt, ist mindestens genauso groß wie die, einen im Internet zu finden,
- dabei möglichst gelassen zu bleiben,
- mit Enttäuschungen und Absagen zu rechnen und auch diese gelassen »wegzustecken«,
- davon auszugehen, dass Sie eher nette Leute kennenlernen als die große Liebe, also die Erwartungshaltung ein wenig herunterzuschrauben.

Sollten Sie sich dann zum ersten Mal mit jemandem verabreden, könnten folgende Ratschläge hilfreich sein:

- *Bleiben Sie möglichst authentisch*
  Ziehen Sie die Kleidung an, in der Sie sich wohlfühlen, und geben Sie sich möglichst natürlich. Es ist verständlich, dass man sich gerne am Anfang von seiner Schokoladenseite zeigen möchte, und dagegen ist auch nichts einzuwenden. Es nutzt aber niemandem etwas, wenn Sie sich von Anfang an verstellen und so tun, als seien Sie jemand, der Sie gar nicht sind. Bleiben Sie also bei sich und stehen Sie zu sich. Wenn der andere nicht begeistert ist: Halten Sie das aus, ohne an sich zu zweifeln. Ob Sie »gut ankommen«, hat weniger mit Ihnen als mit der anderen Person zu tun. An Ihnen ist deswegen noch lange nichts »falsch«!
- *Geben Sie dem ersten Eindruck eine zweite Chance*
  Auch wenn der Datingpartner nicht hundertprozentig Ihr Typ, aber eigentlich doch ganz nett ist, geben Sie sich und ihm noch eine zweite Chance, sich kennenzulernen. Liebe muss nicht auf den ersten Blick kommen. Und wer sagt überhaupt, dass es Liebe werden muss? Vielleicht ist es ja einfach schön, einen interessanten Menschen kennenzulernen? Ganz unabhängig davon, ob daraus nun eine Liebesbeziehung wird oder nicht.

- *Monologisieren Sie nicht und fragen Sie Ihr Gegenüber nicht aus*
  Diese beiden kommunikativen Sünden kommen schon mal vor, wenn
  man aufgeregt ist oder unsicher. Beides kommt aber nicht besonders
  sympathisch rüber. Seien Sie lieber offen und sagen Sie: »Ich bin ein
  bisschen aufgeregt.« Ist doch nur ehrlich und zeigt dem anderen, dass
  er (zumindest im Moment) wichtig ist. Das ist doch schön, oder?
- *Verkneifen Sie es sich, schlecht über einen Ex-Partner zu reden*
  Bei einem ersten Date hemmungslos über einen Ex-Partner herzuziehen, kommt ebenfalls nicht besonders gut an. Man könnte ja eventuell der Nächste sein, über den so schlecht geredet wird! Da schon alleine diese Vorstellung Ängste auslösen kann, sollten Sie es vermeiden.
  Auch wenn das Thema »gescheiterte Beziehungen« vielleicht nahe-
  liegt: Bemühen Sie sich um einen respektvollen Tonfall, wenn es um
  den oder die Ex geht. Wenn Sie wissen, dass Ihnen das zurzeit kaum
  gelingen wird, vermeiden Sie das Thema oder sagen Sie konkret: »Ich
  möchte darüber jetzt nicht so gerne sprechen.« Das sollte respektiert
  werden.

Aller Anfang ist schwer. Wie Sie erste Schwierigkeiten meistern

Wenn es dann tatsächlich gefunkt haben sollte und ein potenzieller Partner am Horizont aufgetaucht ist, treten wieder neue Hindernisse auf.
Diese liegen meistens nicht an den Umständen oder am anderen, sondern in uns selbst. Bleiben Sie also auch in dieser hoch aufregenden Phase
des Kennenlernens sich selbst gegenüber feinfühlig und aufmerksam.
Damit ist nicht gemeint, sich ständig zu kontrollieren, sondern freundlich wahrzunehmen, welche Befürchtungen kommen, welche altbekannten Gefühle hochkochen und worüber wir uns einfach hemmungslos
freuen können.

Versuchen Sie nicht, unangenehme Gefühle gleich komplett zu ver-
drängen, denn sie wollen uns ja etwas sagen, entweder: »An dieser Stelle
solltest du gut für dich sorgen«, oder: »Dies ist dein wunder Punkt. Sei
dir dessen gewahr!« Über die eigenen Gefühle und Befürchtungen einfach hinwegzustiefeln, ist keine gute Lösung. Nehmen Sie sie ernst, aber
lassen Sie sich von ihnen wiederum auch nicht so abschrecken, dass Sie
gleich wieder aus dem Kontakt mit dem anderen herausgehen. Denn das
ist die Kunst, Nähe herzustellen: bei sich zu bleiben und gleichzeitig dem

anderen zu begegnen. Das ist freilich Übungssache und wird mal mehr, mal weniger gut klappen. Das ist normal. Kein Mensch kann das immer und zu jeder Zeit. Wenn es uns ab und zu gelingt, reicht das vollkommen.

Tipps für einen gelungenen Neuanfang

- *Zeigen Sie sich selbstbewusst und seien Sie kompromissbereit*
  Was gleich am Anfang einer neuen Partnerschaft zu Schwierigkeiten führen kann, ist, wenn der eine dem anderen gleich mal ordentlich zeigen will, wo der »Hase langläuft«. »Entweder so oder gar nicht« ist aber eine sehr egozentrische Einstellung, mit der man zu zweit nicht weiterkommen wird. Es ist zwar sehr gut zu wissen, was man sich wünscht. Und das auch entsprechend zu kommunizieren. Es ist aber schwierig, wenn man gleich von Anfang an erwartet, dass diese Wünsche auch hundertprozentig erfüllt werden. Hier sollte man ein wenig Realismus entwickeln und sich kompromissbereit zeigen. Selbstbewusst zu sein und auch so aufzutreten heißt ja nicht, dominant oder egoistisch zu sein. Im Gegenteil: Je selbstbewusster ich bin, desto weniger muss ich dem anderen meinen Willen aufzwingen, denn dann kann ich ihn lassen, wie er ist. Und meine Wünsche trotzdem formulieren.

- *Hinterfragen Sie Ihre Vorbehalte*
  Wenn Sie bei sich trotz Sympathie und gegenseitigen Interesses immer wieder neue Vorbehalte feststellen, die Sie daran hindern, einigermaßen unbefangen auf den anderen zuzugehen, sollten Sie sich mit Ihren Ängsten beschäftigen. Was hindert Sie daran, sich einzulassen? Es ist leicht, an dem anderen Macken und Unzulänglichkeiten zu finden und diese dann als Erklärung dafür zu nutzen, warum man sich selbst nicht öffnen kann. Fragen Sie sich dann: Was löst dieser Mensch in mir aus? Was blockiert mich innerlich? Bin ich eigentlich schon wirklich bereit für eine neue Partnerschaft? Könnte ich mit diesem Menschen über meine Befürchtungen sprechen?
  Es ist im Übrigen auch immer viel leichter, bei jemand anderem Fehler und Schwächen zu finden, als zu ertragen, dass der andere Schwächen bei einem selbst entdeckt. »Herumgekrittel« am anderen kann also eine reine Prophylaxemaßnahme sein: Wenn dieser Mensch uns dann irgendwann absägt, kann ich ja nachher immer noch sagen: »Ach, nicht so schlimm, der hatte ja ohnehin so komische Angewohnheiten.« Das nennt man dann Schmerzvermeidungsstrategie.

- *Bleiben Sie Sie selbst und lassen Sie den anderen anders sein*
Wie wir bereits gesehen haben, profitieren lebendige Partnerschaften vom Unterschied. Wird aus einem Paar eine symbiotisch-verschmolzene Masse, bewegt sich gar nichts mehr. Lassen Sie also den anderen anders sein, respektieren Sie seine Angewohnheiten. Das heißt nicht, dass man nicht über das ein oder andere ins Gespräch kommen sollte, wenn einen etwas stört oder kränkt. Übernehmen Sie dann aber dafür selbst die Verantwortung. Ihr neuer Partner ist nicht zuständig dafür, dass Sie glücklich sind. Dieser Gedanke widerstrebt uns immer wieder, aber erst diese Haltung führt dazu, dass man miteinander wirklich glücklich werden kann.

- *Ex-Partner, Kinder und Co: Akzeptieren Sie die Vergangenheit des anderen und mischen Sie sich nicht ein*
Wenn Sie »Best Ager« sind und einen neuen Partner finden, bringen Sie beide viel mit in die Beziehung ein: viel Erfahrung, Reife, Wissen und sicher auch eine gute Portion Selbstbewusstsein und Souveränität. Sie haben aber auch beide schon eine Vergangenheit im Schlepptau, die Sie stark geprägt hat und Ihnen auch noch viel bedeutet. Respektieren Sie gegenseitig Ihre Vergangenheiten. Lassen Sie sich nicht hinreißen, schlecht über seine Ex-Frau zu reden (auch nicht dann, wenn er es selber tut) oder seine vorangegangene Ehe abzuwerten. Mischen Sie sich auch möglichst nicht in die Beziehung zwischen Ihrer Neuen und deren Kindern ein. Sicher ist mal hin und wieder Ihre Meinung gefragt. Äußern Sie diese dann freundlich und halten sich ansonsten interessiert und einfühlsam zurück.

- *Rechnen Sie mit Enttäuschungen. Sie gehören dazu!*
Wie wir auch schon in vorangegangenen Kapiteln gesehen haben, gehören Enttäuschungen in allen Partnerschaften und menschlichen Kontakten dazu. Lassen Sie sich nicht dazu verleiten, die anderen dafür allein verantwortlich zu machen. Denn wie gesagt: Erst wenn wir bestimmte Erwartungen und Ansprüche an andere stellen, können diese auch enttäuscht werden. Prüfen Sie also immer mal wieder Ihre Erwartungen: Sind sie eigentlich angemessen? Wo kommen sie her? Was haben diese Erwartungen mit Ihrer Geschichte, Ihrer Herkunftsfamilie und Ihrer vorherigen Partnerschaft zu tun? Haben Sie das Gefühl, ein »Recht« auf etwas zu haben? Haben Sie das wirklich? Sich mit diesen Fragen zu beschäftigen, ist weder angenehm noch ganz einfach. Aber wichtig. Und keiner hat je gesagt, dass Liebe leicht sei. Je mehr Sie sich aber auf ein stabiles Selbst verlassen können und

auf ein hohes Maß an Selbst-Bewusstsein, desto besser ist die Chance, eine befriedigende und lebendige Partnerschaft auf Augenhöhe führen zu können.

- *Achten Sie auf Ihre Grenzen. Und lassen Sie sich ein*
Auch wenn sich das vielleicht widersprüchlich anhört: Nur wer seine persönlichen Grenzen kennt, kann sich auf eine andere Person richtig einlassen. Wenn Sie wissen, wer Sie sind, können Sie auch gut erkennen, wer der andere ist. »Best Ager« sind nun in einem Alter, in dem Sie frühkindliche Verschmelzungsbedürfnisse und alte Muster aus der Herkunftsfamilie getrost überwinden können. Sie sind stark und reif genug dazu.
Achten Sie also im positiven Sinne auf Ihre Grenzen, lassen Sie diese nicht übertreten. Sorgen Sie gut für sich. Übernehmen Sie die volle Verantwortung für Ihr Wohlbefinden. Übernehmen Sie nicht die Verantwortung für den neuen Partner. Seien Sie füreinander präsent, interessiert, offen, wenn Sie das mögen, und achten Sie auf Ihre Rückzugsmöglichkeiten, wenn Ihnen das wichtig ist. Wenn Sie so erwachsen und offen miteinander umzugehen lernen, dann werden Sie viel voneinander erfahren und miteinander erleben. Mit Sicherheit.

Ich hoffe, dass Ihnen dieses Buch nun Lust gemacht hat, sich weiterhin auf das aufregende Experiment Liebe einzulassen. Ob langjähriger oder neuer Partner: Es gibt immer viel miteinander zu entdecken, wenn wir uns nur ordentlich trauen. Und wenn wir gleichermaßen in der Lage sind, gut für uns selbst zu sorgen und zugänglich für den Partner bleiben. In diesem Sinne wünsche ich Ihnen viel Erfolg.

Anhang

Anmerkungen

1 Rodenbäck, Sabine: Jünger aussehen. Mit diesen 10 einfachen Sty-lingtricks können Sie locker ein paar Jahre wegmogeln und jünger aussehen.
www.brigitte.de/beauty/anti-aging/juenger-aussehen-1093086 (Zugriff: 19.12.2012).

2 Stiftung Warentest/test.de: Anti-Age-Cremes: Mikroskopische Er-folge.
www.test.de/Anti-Age-Cremes-Mikroskopische-Erfolge-1027737-2027737 (Zugriff: 19.12.2012).

3 Etrillard, Stéphane: Erfolgreich verkaufen an die anspruchsvolle Ziel-gruppe Best-Ager.
www.business-wissen.de/marketing/kaufkraeftig-erfolgreich-verkaufen-an-die-anspruchsvolle-zielgruppe-best-ager (Zugriff: 19.12.2012).

4 Maria Furtwängler im Gespräch mit zeit.de: »Im Selbstzweifel bin ich gut.«
www.zeit.de/2011/12/Maria-Furtwaengler/seite-2 (Zugriff: 19.12.2012).

5 Schnarch (2011), S. 94.

6 Kleinschmidt, Carola: Wird man nun ab 40 eher jünger oder älter?
http://jungaltwerden.wordpress.com/2012/08/09/wird-man-nun-ab-40-eher-juenger-oder-aelter/#comment-72 (Zugriff: 19.12.2012).

7 Willi (2001), S. 38.

8 Vgl. FAZ.NET: Scheidungsstatistik Ehen halten länger, aber 39 Pro-zent werden geschieden.
www.faz.net/aktuell/gesellschaft/familie/scheidungsstatistik-ehen-halten-laenger-aber-39-prozent-werden-geschieden-11167255.html (Zugriff: 19.12.2012).

9 Willi (2000), S. 147.

10 Hape Kerkeling als Evje van Dampen, live 2006, Part 1.
www.youtube.com/watch?v=yq7gWEV7Y7c (Zugriff: 19.12.2012).

11 Fromm (2010), S. 15.

12 Ebd., S. 33.

13 Ebd., S. 35f.

14 Alle Fallbeispiele und Zitate sind aus Gründen des Personenschutzes eine realitätsnahe Mischung aus Gehörtem und Fiktion. Alle Situationen, Fakten, Altersangaben und Familienverhältnisse sind dem Original gegenüber stark verfremdet, alle Namen und Kürzel sind frei erfunden.

15 Moeller (2002), S. 153f.

16 David Schnarch, zitiert nach: Clement (2004), S. 78.

17 Ebd.

18 Moeller (2002), S. 69.

19 Schnarch (2011), S. 94.

20 Ebd., S. 107.

21 Ebd., S. 107.

22 Ebd., S. 138.

23 Vgl. Schnarch (2011).

24 Vgl. Clement (2006).

25 Marianne Sägebrecht in einem Interview mit der BILD-Zeitung. Zitiert in: RP ONLINE. www.rp-online.de/gesellschaft/leute/aeltere-maenner-sollten-mehrere-frauen-haben-1.3045729 (Zugriff: 19.12.2012).

Literatur

Clement, Ulrich: Guter Sex trotz Liebe. 2. Aufl. Ullstein, Berlin 2006.

Clement, Ulrich: Systemische Sexualtherapie. Klett-Cotta, Stuttgart 2004.

Fromm, Erich: Die Kunst des Liebens. 69. Aufl. Ullstein, Berlin 2010.

Moeller, Michael Lukas: Die Wahrheit beginnt zu zweit. 18. Aufl. Rowohlt, Reinbek bei Hamburg 2002.

Schnarch, David: Die Psychologie sexueller Leidenschaft. 11. Aufl. Piper, München 2011.

Willi, Jürg: Die Zweierbeziehung. 13. Aufl. Rowohlt, Reinbek bei Hamburg 2001.

Willi, Jürg: Ko-Evolution. Die Kunst gemeinsamen Wachsens. 5. Aufl. Rowohlt, Reinbek bei Hamburg 2000.

Felicitas Römer
Ausgeflogen
Wie Sie es sich im „leeren Nest"
wieder gemütlich machen

Format 14 x 22 cm
176 Seiten
Paperback
ISBN 978-3-8436-0147-4

Auch die Zeit nach der Pubertät hält für Eltern viele Überraschungen und Herausforderungen bereit: Was tun, wenn der Filius nicht ausziehen will und es normal findet, dass abends das gebratene Schnitzel auf dem Tisch steht? Wenn die 19-jährige Tochter unbedingt Kristallographie studieren will? Und wenn die Kinder schließlich ausgeflogen sind, gibt es neue Probleme: Wie lebt es sich glücklich wieder zu zweit allein? Und wie geht eigentlich „Oma"-Sein?
In diesem humorvollen Ratgeber geht es um die ganz normalen und doch so aufreibenden Dramen und Konflikte zwischen Eltern und ihren (fast) erwachsenen Kindern. Und natürlich darum, wie Eltern auch diese Lebensphase souverän meistern und neue Perspektiven entwickeln können.

PATMOS   www.patmos.de

Jörg Fengler
Das kleine Buch gegen Burnout
Die besten Strategien gegen Stress
und Erschöpfung

Format 12 x 19 cm
136 Seiten
Klappenbroschur
ISBN 978-3-8436-0332-4

Immer mehr Beschäftigte werden wegen chronischer Erschöpfung krankgeschrieben. Die Gründe für das Ausbrennen sind vielfältig: Termindruck, unzureichende Teamarbeit, mangelnde Anerkennung seitens der Vorgesetzten, aber auch schlechtes Zeitmanagement oder Perfektionismus des Einzelnen. Was kann man tun, um dem Burnout vorzubeugen? Jörg Fengler, renommierter Experte zum Thema, hat 25 einfache Maßnahmen zusammengestellt, mit deren Hilfe man Burnout wirkungsvoll verhindern kann – ohne großen Aufwand und mit Aussicht auf raschen Erfolg.
Ein kleines Buch, das große Entlastung bringt.

PATMOS   www.patmos.de